Süß, vegan und glücklich

ANNA COVELLI

SÜSS *vegan* und GLÜCKLICH

Einfache und
raffinierte Köstlichkeiten
selbst gemacht

ATHESIA VERLAG

HALLO, DU SONNE!

Ich bin Anna, deine Begleiterin zu ganzheitlicher Gesundheit. Als Achtsamkeits- und Meditationstrainerin, Ernährungstrainerin und Retreatköchin glaube ich an die Verbindung von Körper, Geist und Seele für ein erfülltes Leben.

Die pflanzliche Ernährung hat einen positiven Einfluss auf meine Gesundheit und mein allgemeines Wohlbefinden. Die Reise in die Welt der ganzheitlichen Gesundheit hat mir gezeigt, dass es bei allem um Balance geht.

Ernährung war lange Zeit eine Herausforderung in meinem Leben, aber heute sehe ich sie als Quelle der Freude. Backen ist eine langjährige Leidenschaft – hier kann ich mich ausdrücken, kreativ sein und durch die Linse der Kamera meine kleinen Kreationen festhalten, um dir ein Lächeln ins Gesicht zu zaubern. Mein Backbuch ist nicht nur eine Sammlung von Rezepten, es ist Ausdruck meiner Reise zu innerem Frieden, zu Liebe und einem gesunden, nachhaltigen Lebensstil. Ich lade dich ein, mit diesem Buch nicht nur süße Köstlichkeiten zu entdecken, sondern auch einen Moment der Achtsamkeit und Freude zu erleben.

Viel Spaß beim Genießen!

MEINE REZEPTE 9
BEVOR'S LOSGEHT 11
MUST-HAVES 13
DIE BESTEN GEWÜRZE 15
VIELFÄLTIG SÜßEN 17
EI-ERSATZ 21
PFLANZLICHE MILCHERSATZPRODUKTE 24
GLUTENFREIE MEHLE 26
3 TIPPS 27
WAS SIND RAW-DESSERTS? 29
NÜSSE EINWEICHEN 30
TIPPS UND TRICKS 33
RESTEVERWERTUNG 37
SPARTIPPS 39
REZEPTE 41
LIEBLINGSKREATIONEN 218
NOTIZEN 219
DANKE 221

VORWORT

In diesem Buch erfährst du alle Geheimnisse der veganen, glutenfreien und zuckerbewussten Welt. Ich teile meine allerliebsten Rezepte für süße Kuchen, Snacks und Desserts mit dir und gebe dir wertvolle Tipps.

Die Rezepte bestehen aus einfachen Zutaten, sind leicht umsetzbar, vielfältig und kreativ. Sie sind vegan, glutenfrei und frei von raffiniertem Zucker: Gesundes Naschen war noch nie so einfach und schnell.

Meine Rezepte erleichtern dir den Einstieg in ein gesundes und vor allem genussvolles Leben. Entdecke die Welt gesunder Zutaten und Lust auf mehr: mehr Freude, mehr Wohlbefinden, mehr Lieblingsrezepte!

In Liebe

MEINE REZEPTE

sind vegan

sind nährstoff- und proteinreich

sind einfach und lassen sich schnell zubereiten

enthalten natürliche Zutaten

sind frei von raffiniertem Zucker

sind vollwertig

enthalten nahrhafte Fette

sind glutenfrei

sind abwechslungsreich

wecken deine Kreativität

sind perfekt fürs gesunde Naschen

BEVOR'S LOSGEHT

VEGAN

Warum pflanzlich leben und essen?
Die Gründe dafür sind so vielfältig wie die Farben des Regenbogens. Die meisten vegan lebenden Menschen haben sich aus ethischen Gründen dafür entschieden und wollen das Leiden anderer Lebewesen nicht länger unterstützen. Der vegane Lebensstil hat auch positive Einflüsse auf die Umwelt und kann nicht zuletzt deine Gesundheit verbessern und vielen Krankheiten vorbeugen. Finde dein persönliches Warum und mach dich auf den Weg zu einem pflanzlichen Lifestyle.

ABWECHSLUNGSREICH

Beim Backen sind deiner Fantasie keine Grenzen gesetzt! Wie wäre es mit vollwertigem Mehl, knackigen Nüssen, frischem Obst und Gemüse? Meine Rezepte lassen sich leicht anpassen, sodass es nie langweilig wird.

BIOLOGISCH UND FAIR

Mit deiner Kaufentscheidung hast du Einfluss auf Umwelt- und Menschenrechte. Biolebensmittel sind frei von Pestiziden und Gentechnik. Ein achtsamer Umgang mit der Natur unterstützt die Landwirtschaft, die Artenvielfalt, das Klima, unseren Planeten und deine Gesundheit. Produkte aus fairem Handel sichern bessere Lebens- und Arbeitsbedingungen sowie stabile Löhne für die in diesem Bereich arbeitenden Personen.

VERPACKUNGSFREI

Jede Verpackung, die wir einsparen, verringert die Belastung unserer Umwelt. Ein Einkauf ohne Verpackung bietet auch die Chance, bewusster einzukaufen und zu konsumieren. Auf dem Markt findest du unverpacktes Obst und Gemüse und vielleicht gibt es auch in deiner Nähe einen verpackungsfreien Laden. Unverpacktes Einkaufen ist nicht nur besser für dich und die Umwelt, sondern es macht auch noch Spaß!

UNVERARBEITET

Hochverarbeitete Lebensmittel enthalten oft hohe Mengen an Fett, Salz und Zucker, die deinen Körper süchtig machen. Durch einen bewussten Einkauf kannst du kontrollieren, was du deinem Körper gibst, und sicherstellen, dass du ausreichend Ballaststoffe, Vitamine und Mineralstoffe zu dir nimmst.

ACHTSAM

Höre auf deinen Körper, dein Bauchgefühl, dein Herz und deinen Verstand. Achtsames Essen ist eine spezielle Form von Aufmerksamkeit und bewusster Nahrungsaufnahme. Schritt für Schritt lernst du deinen Körper kennen und auf seine Signale zu achten. Nimm dir Zeit zum Kochen und Genießen - sei es dir wert!

MUST-HAVES

Hier findest du meine ultimativen Lieblingszutaten für die Zubereitung von pflanzlichen Desserts und Kuchen. Sie erleichtern das spontane Backen und Kreativsein. Ich hoffe, sie inspirieren dich dazu, auch beim Backen neue, kreative Wege zu gehen.

OBST UND GEMÜSE

Bananen
gefrorene Beeren
Apfelmus
Karotten, Zucchini

FETTE UND ÖLE

Nüsse, Kerne und Samen
Kokosöl
Schokolade
Kakaopulver

VEGANE MILCHERSATZPRODUKTE

Hafermilch, vegane Butter
Kokosmilch (Dose)
pflanzlicher Joghurt

SÜSSUNGSMITTEL

Trockenfrüchte
Dattelsirup
frisches Obst
Agavensirup

DIE KLEINEN HELFER

Gewürze (Zimt, Vanille)
Apfelessig
Backpulver, Natron
Agar-Agar

GETREIDE, PROTEINE

Kichererbsen
Reismehl
Haferflocken
Maisstärke

HINWEIS

Ich verwende in meinen Rezepten herkömmliche Haferflocken. Wenn du unter einer Glutenunverträglichkeit oder Allergie leidest, solltest du spezifisch glutenfreie Haferflocken verwenden.

DIE BESTEN GEWÜRZE

Backen ohne Gewürze? Undenkbar!
Hier stelle ich dir meine Lieblingsgewürze vor und zeige dir, wie du sie am besten kombinieren und verarbeiten kannst.

ZIMT

Zimt wird aus der getrockneten Rinde von Zimtbäumen hergestellt und ist vor allem in der Weihnachtszeit sehr beliebt. Du erhältst Zimt als Stange oder in Pulverform.
Lieblingskombinationen: Äpfel, Birnen, Bananen, Kekse, Gebäck, Kakao, Kaffee, Gewürzmischungen

KARDAMOM

Kardamom wurde ursprünglich in Südindien und Sri Lanka angebaut. Verwendet werden dabei die ganze Kapsel oder die darin enthaltenen Samen. Der Geschmack von Kardamom lässt sich am besten als brennend, frisch und süßlich beschreiben.
Lieblingskombinationen: Datteln, Ingwer, Mango, Birnen

NELKEN

Nelken sind das Weihnachtsgewürz schlechthin und aus der Keksbäckerei nicht wegzudenken. Da die Gewürznelke sehr intensiv ist, reicht meistens schon eine kleine Prise, um deinem Gebäck eine holzige Note zu verleihen. Das Myrtengewächs findest du als Pulver oder in Form ganzer Gewürznelken.
Lieblingskombinationen: Äpfel, Orangen, Glühwein, Gewürzmischungen

VANILLE

Vanille passt einfach überall rein! Sie wird hauptsächlich in Madagaskar angebaut und ist die Königin der Gewürzwelt. Du kannst Vanille als Extrakt, Paste, ganze Stange, getrocknetes Vanillemark oder gemahlen als Pulver kaufen.
Lieblingskombinationen: Früchte, Kuchen, Desserts, Gewürzmischungen, Rohdesserts, Cremen

TONKABOHNEN

Tonkabohnen kommen aus Südamerika und sind die schwarzen Samen des Tonkabaums. Ihr Geschmack ist einzigartig und vielschichtig. Allerdings solltest du sie nur sehr sparsam verwenden, denn in großen Mengen wirken sie halluzinogen. Tonkabohnen erhältst du als Pulver oder ganze Bohne.
Lieblingskombinationen: Pudding, Fruchtkompott, Gebäck, Pralinen, Eis oder verschiedene Cremen

VIELFÄLTIG SÜßEN

Die verschiedenen Alternativen zu raffiniertem Zucker verleihen deinen Kreationen nicht nur eine besondere Geschmacksnote, sondern bieten auch abwechslungsreiche Möglichkeiten zum Süßen. Lass deiner Kreativität freien Lauf und probiere sie aus!

AGAVENSIRUP BZW. -DICKSAFT

Der zähflüssige Sirup (meist als Dicksaft bezeichnet) wird aus der mexikanischen Agavenpflanze gewonnen. Der Gehalt an Mineralstoffen, Spurenelementen und sekundären Pflanzenstoffen ist höher als bei Haushaltszucker, allerdings auch der Anteil an Fruktose.

Geschmack: feine und geschmacksneutrale Süße
Süßkraft: 100 g Dicksaft entsprechen 125 g Zucker
Geeignet: zum Süßen fast aller Speisen
Nicht geeignet: bei Fruktoseintoleranz, für Diabetiker

AHORNSIRUP

Um Ahornsirup zu gewinnen, werden die Stämme des Zuckerahorns angezapft und der gewonnene Saft wird durch Erhitzen eingedickt. Im Vergleich zum Haushaltszucker weist der Sirup kleine Mengen an Mineralstoffen wie Kalium, Eisen und Magnesium auf.

Geschmack: feinwürzige Karamellnote
Süßkraft: entspricht dem von Haushaltszucker
Geeignet: für Getränke, Kuchen, Gebäck, Pancakes
Nicht geeignet: zum geschmacksneutralen Süßen, für Diabetiker, bei Fruktoseintoleranz

APFELDICKSAFT

Apfeldicksaft besteht aus hochkonzentriertem eingedickten Apfelsaft. Es handelt sich dabei um eine natürliche Süße, bei der der Fruchtzuckeranteil – genau wie bei Agavendicksaft – besonders hoch ist.

Geschmack: intensives Apfelaroma
Süßkraft: etwas geringer als Haushaltszucker
Geeignet: für Kompott, Kuchen, Desserts, Dressing
Nicht geeignet: bei Fruktoseintoleranz, für Diabetiker

REISSIRUP

Reissirup wird aus Reis gewonnen und setzt sich aus Glukose und Glukoseverbindungen zusammen. Obwohl er kaum gesunde Nährstoffe enthält, kann er für Menschen mit Fruktoseintoleranz eine hilfreiche Alternative zum Süßen von Speisen sein, da er frei von Fruchtzucker ist.

Geschmack: neutral
Süßkraft: 50 Prozent des Haushaltszuckers
Geeignet: zum Süßen fast aller Speisen, bei Fruktoseintoleranz
Nicht geeignet: für Diabetiker

DATTELSIRUP

Der dunkle Dattelsirup wird aus den getrockneten Früchten der Dattelpalme gewonnen. Er enthält Mineralstoffe wie Magnesium, Kalium, Eisen und Folsäure sowie die Vitamine A und D.

Geschmack: fruchtig, süß-malzig
Süßkraft: höher als Haushaltszucker
Geeignet: für Getränke, Kuchen, Kekse, Cremen
Nicht geeignet: zum farblosen und geschmacksneutralen Süßen, für Diabetiker, bei Fruktoseintoleranz

DATTELZUCKER

Dattelzucker wird aus getrockneten, zu Pulver vermahlenen Datteln hergestellt und ist in Bioläden und Onlineshops erhältlich. Im Gegensatz zu Haushaltszucker punktet Dattelzucker mit einem hohen Gehalt an Ballaststoffen. Im Geschmack ist er besonders mild – für eine intensivere Süße muss etwas mehr verwendet werden.

Geschmack: mild-karamellartig, leicht fruchtig
Süßkraft: etwas geringer als Haushaltszucker
Geeignet: für Backwaren und Desserts
Nicht geeignet: zum farblosen und geschmacksneutralen Süßen, für Getränke (löst sich nicht in Flüssigkeiten auf), für Diabetiker, bei Fruktoseintoleranz

KOKOSBLÜTENSIRUP

Kokosblütensirup wird aus dem Blütensaft der Kokospalme gewonnen. Die Süßintensität gleicht zwar der des Haushaltszuckers, aber wegen des intensiven Aromas kann bei vielen Rezepten eine geringere Menge verwendet werden.

Geschmack: feinwürzige Karamellnote
Süßkraft: entspricht der von Haushaltszucker
Geeignet: für Getränke, Kuchen, Gebäck, Pancakes
Nicht geeignet: zum geschmacksneutralen Süßen, für Diabetiker, bei Fruktoseintoleranz

KOKOSBLÜTENZUCKER

Kokosblütenzucker wird aus den Blüten der Kokospalme gewonnen. Er hat eine braune Farbe, ist kaum verarbeitet und erinnert im Geschmack an Karamell. Dank seines Eigengeschmacks eignet er sich hervorragend für Backwaren und Desserts.

Geschmack: karamellartig
Süßkraft: entspricht der von Haushaltszucker
Geeignet: für Backwaren und Desserts
Nicht geeignet: zum geschmacksneutralen Süßen, für Getränke, Diabetiker, bei Fruktoseintoleranz

STEVIA

Stevia wird aus den Blättern der gleichnamigen Pflanze, Stevia rebaudiana, gewonnen und industriell aufgearbeitet. Es schadet den Zähnen nicht, ist frei von Kalorien und wird insulinunabhängig verstoffwechselt. Stevia eignet sich deshalb auch für Diabetiker als Zuckerersatz. Allerdings sollte es nicht in großen Mengen verwendet werden.

Geschmack: sehr süß, leicht bitterer Nachgeschmack
Süßkraft: 300-mal stärker als Haushaltszucker (1 TL Stevia = 50 g Zucker)
Geeignet: für Desserts, kalorienbewusste Menschen, Diabetiker, bei Fruktoseintoleranz
Nicht geeignet: zum Backen

XYLIT

Xylit ist ein Zuckeraustauschstoff, auch bekannt als Birkenzucker. In natürlicher Form kommt er in geringen Mengen in einigen Gemüsesorten, Früchten sowie in der Rinde bestimmter Holzarten, z. B. Birken, vor. Heute wird Xylit industriell aus Holz oder Mais gewonnen.

Geschmack: süß, kühlender Nachgeschmack
Süßkraft: entspricht der von Haushaltszucker
Geeignet: für Backwaren, Desserts, kalorienbewusste Menschen, Diabetiker
Nicht geeignet: für Hefeteige

ERYTHRIT

Das Süßungsmittel kommt in Früchten, Gemüse, Pilzen sowie fermentierten Lebensmitteln vor und wird industriell durch Fermentation gewonnen. Erythrit hat keinen Einfluss auf den Blutzucker- und Insulinspiegel und eignet sich daher auch für Diabetiker. Da Erythrit frei von Fruchtzucker ist, ist er eine gute Alternative bei Fruktoseintoleranz.

Geschmack: süß, leicht kühlender Nachgeschmack
Süßkraft: etwa 70 Prozent des Haushaltszuckers
Geeignet: für Backwaren, Desserts, Getränke, kalorienbewusste Menschen, Diabetiker, bei Fruktoseintoleranz
Nicht geeignet: für Hefeteige

EI-ERSATZ

Eier haben wesentliche Funktionen beim Backen: Sie wirken als Bindemittel, lockern Kuchen- und Brotteige auf und sorgen als Feuchtigkeitsspender für die perfekte Konsistenz. In Saucen und im Pudding wirken sie als Verdickungsmittel und sorgen für die nötige Dichte und Cremigkeit. In der veganen Küche lassen sich Eier jedoch auf vielfältige Weise ersetzen.

LEIN- UND CHIASAMEN

Um ein Ei zu ersetzen, verrührst du 1 Esslöffel gemahlenen Samen mit 3 Esslöffel Wasser und lässt das Gemisch etwa 10 Minuten quellen. Anschließend gibst du es zum Teig. Die Mischung dient zum Verdicken und Binden.

SPEISESTÄRKE UND MEHL

Ein Ei lässt sich auch durch 2 Teelöffel Speisestärke (Mais-, Kartoffel- oder Tapiokastärke) ersetzen, die mit 2 Esslöffel Wasser verrührt werden. Die Stärke bindet Flüssigkeiten wie Saucen und auch Cremen. Auch gewisse Mehlsorten können für Bindung und Volumen sorgen, z. B. Sojamehl, Lupinenmehl, Kokosmehl, Mandelmehl, Johannisbrotkernmehl, Guarkernmehl.

FRUCHTPÜREE (APFEL, BANANE, KÜRBIS)

Eine zerdrückte Banane, 60 g Apfelmus oder gekochter und pürierter Kürbis eignen sich hervorragend als Bindemittel beim Backen und ersetzen ein Ei. Allerdings kann die jeweilige Alternative den Geschmack stark beeinflussen: Bei Bananenbrot, Kürbistarte oder Apfelkuchen ist das aber absolut kein Problem!

SEIDENTOFU

Seidentofu sorgt im süßen Gebäck für eine softe Konsistenz. Um ein Ei zu ersetzen, werden etwa 50 g Seidentofu in der Küchenmaschine oder mit dem Stabmixer schön cremig gerührt. Seidentofu eignet sich besonders für Cremen oder Füllungen.

APFELESSIG PLUS NATRON

Sobald Fruchtsäuren wie Apfelessig oder Zitronensaft mit Natron vermengt werden, entsteht Kohlendioxid, und es bilden sich Blasen, die sich beim Backen vergrößern und so für einen leichten, fluffigen Kuchen sorgen. Generell gilt, 1 Ei lässt sich durch 1 Esslöffel Essig und 1 Teelöffel Natron ersetzen.

NUSSMUS

Eine gute Ei-Alternative für trockene Kuchen sind 3 Esslöffel Nussmus, z. B. Erdnuss- oder Cashewmus. Eine nussfreie Option ist Sonnenblumenkernmus.

FLÜSSIGKEIT

Bei Rezepten, etwa für einfache Rührteige, in denen nur ein Ei verwendet wird, kann das Ei meist durch etwas mehr Flüssigkeit (pflanzlicher Joghurt, Mineralwasser, pflanzlicher Milchersatz) ersetzt werden.

KICHERERBSENWASSER (AQUAFABA)

Aquafaba gilt als veganer Eiweiß-Ersatz. Um 1 Eiweiß zu ersetzen, braucht man 25–30 g Kichererbsenwasser. Aquafaba lässt sich sehr gut mit dem Handrührgerät aufschlagen und überall dort verwenden, wo Eischnee gebraucht wird: in veganer Mousse au Chocolat, Baisers oder Macarons.

KURKUMA

Kurkuma ist ein indisches Gewürz, das vor allem in herzhaften Speisen Verwendung findet. In geringen Mengen kann es jedoch auch zum Einfärben süßer Gerichte verwendet werden: Die intensive Farbe färbt Backwaren gelb.

AGAR-AGAR

Agar-Agar wird aus Meeresalgen gewonnen und vor allem als Ersatz für Gelatine verwendet. Um 500 ml Flüssigkeit, z. B. Fruchtsäfte oder Saucen, gelieren zu lassen, wird 1 Teelöffel Agar-Agar benötigt. Für Pasteten und Pudding muss es allerdings zuerst mit etwas kalter Flüssigkeit angerührt werden und anschließend etwa 5 Minuten köcheln, damit es nicht verklumpt. Agar-Agar geliert erst beim Abkühlen der Speisen.

Die Zutaten für deine
besten veganen
Backmomente
Reformhaus Egger Walter
Graben 26 – Bruneck
reform
EGGER WALTER

PFLANZLICHE MILCHERSATZPRODUKTE

Pflanzliche Milchersatzprodukte sind beim Backen nicht wegzudenken, die Vielfalt ist mittlerweile überwältigend. Mit diesen meinen Lieblingsprodukten gelingt dir das vegane Backen auf Anhieb.

PFLANZLICHER MILCHERSATZ

- Hafermilch
- Mandel-, Cashew-, Kokosmilch
- Soja-, Lupinenmilch

PFLANZLICHER JOGHURT

Veganen Joghurt findest du auf Basis von Soja, Mandeln, Hafer, Reis, Kokosnuss oder Hanf. Es gibt ihn mittlerweile in einer Vielzahl von Geschmacksrichtungen und er überzeugt mit seiner cremigen Konsistenz und seinem milden Geschmack.

PFLANZLICHE SAHNE

Vegane Sahne aus Soja, Hafer, Mandeln oder Kokosnuss lässt sich hervorragend für Ganache, Glasuren oder zum Bestreichen von Backwaren verwenden.

PFLANZLICHE BUTTERMILCH

Vegane Buttermilch kannst du ganz einfach selbst herstellen. Dazu vermischst du 500 ml Sojamilch mit 2 Esslöffel Essig oder Zitronensaft. Die Sojamilch gerinnt nach etwa 10–15 Minuten und wird dicker und säuerlicher, ähnlich wie Buttermilch.

PFLANZLICHER MASCARPONE

Veganen Mascarpone kannst du auf Basis von Cashewkernen und Mandelmilch herstellen. Das Rezept dazu findest du bei den Basisrezepten.

PFLANZLICHER PUDDING

Viele Supermärkte verkaufen verzehrfertigen veganen Pudding. Du kannst ihn aber auch selbst mit Soja-, Hafer- oder Nussmilch zubereiten. Alles, was du für einen leckeren Vanillepudding brauchst, ist ein pflanzlicher Milchersatz, Maisstärke, Zucker und Vanille.

VEGANE BUTTER

Vegane Butter ist in ihrer Konsistenz „normaler" Butter sehr ähnlich und du kannst sie 1 : 1 ersetzen. Es gibt jedoch auch gesündere Alternativen, zu denen du beim Backen greifen kannst:

Apfel- oder Bananenmus

Fruchtpürees machen Teige geschmeidig und geben besonders viel Feuchtigkeit ab. Du kannst bis zu 200 g Butter durch Bananen- oder Apfelmus ersetzen. Bedenke, dass diese einen Eigengeschmack haben, der nicht mit dem von veganer Butter gleichzusetzen ist.

Nussmus

Ob Erdnuss-, Mandel-, Walnuss-, Haselnuss- oder Macadamiamus – sie können Butter meist vollständig ersetzen. Der Teig wird durch das Nussmus zwar etwas fester und süßlich-nussig, aber er enthält auch einen besonders hohen Anteil an Proteinen, wichtigen Nährstoffen und Fetten. Sämtliche Muse sind auch im ausgewählten Fachhandel erhältlich.

Pflanzlicher Joghurt

Einen kleinen Teil des Fettes kannst du durch pflanzlichen Joghurt oder Quark ersetzen. Allerdings verändert sich dadurch die grundsätzliche Konsistenz des Teiges: Er wird etwas weicher und du musst möglicherweise etwas mehr Mehl oder Stärke zufügen.

Pflanzenöl

Bei den meisten Rezepten kannst du die Butter durch neutrale Öle ersetzen. Besonders beliebt ist Kokosöl. Das feine Aroma rundet viele vegane Backrezepte ab. Statt 100 g Butter verwendest du etwa 80 g Kokosöl.

GLUTENFREIE MEHLE

Glutenhaltiges Mehl lässt sich nicht 1:1 durch eine einzige glutenfreie Mehlsorte ersetzen. Je nach Rezept kann das Mischungsverhältnis für glutenfreie Mehle unterschiedlich sein. Grundsätzlich aber gilt:

- 2 Teile glutenfreies Mehl
- 1 Teil Stärkemehl (sorgt für Festigkeit und Stabilität des Teigs)
- 1 Bindemittel (sorgt für Elastizität und die richtige Struktur, hält das Gebäck zusammen)
- Zusatz: Bohnen- und Nussmehle (bringen etwas mehr Nährstoffe in das Rezept)
  Falls du nicht glutenfrei, sondern „nur" vegan backen möchtest, kannst du die drei Anteile glutenfreier Mehle auch durch Weizen- oder Dinkelmehl ersetzen.

GLUTENFREIE MEHLE

Reisvollkornmehl
Hirsemehl
Maismehl / Grieß
Hafermehl
Teffmehl
Quinoamehl
Amaranthmehl
Buchweizenmehl
Kastanienmehl
Kartoffelmehl

STÄRKEMEHL

Maisstärke
Kartoffelstärke
Tapiokastärke
Pfeilwurzelstärke

BINDEMITTEL

Guarkernmehl
Xanthan
Johannisbrotkernmehl
Chia- oder Leinsamen
Ei-Ersatzprodukte

BOHNEN- UND NUSSMEHLE

Mandelmehl
Hanfmehl
Kokosmehl
Kastanienmehl
Linsenmehl
Kichererbsenmehl
Lupinenmehl
Leinmehl
Kürbiskernmehl

3 TIPPS

Für das erfolgreiche glutenfreie Backen braucht es nicht nur die richtigen Zutaten, sondern auch das richtige Know-how. Meine drei Tipps sollen dir dabei helfen, köstliche glutenfreie Backwaren zu zaubern.

1 KONSISTENZ

Beim glutenfreien Backen solltest du immer daran denken, dass glutenfreie Teige in der Regel mehr Flüssigkeit – Milchersatz, Wasser, Apfelmus usw. – benötigen. Lass dich durch die Konsistenz des Teiges nicht beirren, sie ist beim glutenfreien Backen meist etwas anders.

2 ZUTATEN

Für ein gutes Backergebnis sollten alle Zutaten Zimmertemperatur haben. Halte dich unbedingt an die Mengenangaben! Schon kleine Abweichungen können sich auf das Gesamtergebnis auswirken.

3 BACKOFEN

Backe mit Umluft und stell ein Schälchen mit Wasser in den Ofen. So verhinderst du, dass der Kuchen zu trocken wird. Kontrolliere immer wieder, ob der Kuchen fertig gebacken ist – bei glutenfreien Kuchen geht das in der Regel schneller.

HINWEIS

RAW-DESSERTS SIND REICH AN
Vitaminen, Mineralien, Ballaststoffen, Antioxidantien, sekundären Pflanzenstoffen.

WAS SIND RAW-DESSERTS?

Raw-Desserts sind sogenannte Rohkost-Desserts, die nicht gebacken, sondern höchstens bis auf 42–46 Grad Celsius erhitzt werden. Auf diese Weise bleiben die Nährstoffe der Zutaten, aber auch ihre Farbe erhalten.

In der Regel bestehen *Raw-Desserts* aus Nüssen, Kernen, Samen, Kakao, frischen und getrockneten Früchten, natürlichen Süßungsmitteln wie Dattelsirup, pflanzlichen Milchalternativen aus Hafer, Kokosnüssen oder Mandeln, getrockneten Superfoods und Gewürzen.

Bei *Raw-Desserts* werden die Zutaten entweder gemixt oder püriert, je nachdem, welche Konsistenz das Dessert bekommen soll. Eine eher knusprige bzw. zähe Konsistenz wie bei Riegeln oder Brownies bekommst du durch das Zerkleinern der Zutaten in einer Küchenmaschine. Für cremige Desserts, z. B. bei Cheesecake oder Kuchencremen, verwendest du am besten einen leistungsstarken Küchenmixer. Nun kannst du die rohen Köstlichkeiten pressen oder in Formen gießen und so lange im Kühl- oder Gefrierschrank lagern, bis sie die gewünschte Konsistenz haben.

100 PROZENT ROH?

Auch wenn *Raw-Food* in der Regel nicht über 46 Grad Celsius erhitzt wird, gibt es doch ein paar Ausnahmen. Beispielsweise, wenn Schokolade über dem Wasserbad geschmolzen wird, Agar-Agar vor der Verwendung aufgekocht werden muss oder für die Herstellung von Ahornsirup und Trockenfrüchten Hitze nötig ist. Alle diese Zutaten werden wegen ihrer Vollwertigkeit trotzdem für *Raw-Desserts* verwendet.

WIE GESUND SIND RAW-DESSERTS?

Die für *Raw-Desserts* verwendeten Lebensmittel sind nährstoffreich und vollwertig. Nüsse und Samen liefern herzgesunde Fette, Ballaststoffe und Eiweiß. Diese enthalten nicht nur Vitamine und Mineralien, sondern fördern auch die Darmgesundheit und sorgen für ein lang anhaltendes Sättigungsgefühl.

Frisches Obst und Gemüse – z. B. Rote Bete, Karotten, Beeren – enthält viele essenzielle Nährstoffe und Antioxidantien, die unser Immunsystem unterstützen. Trockenfrüchte liefern neben Ballaststoffen und Kohlenhydraten Energie für Körper und Geist. Außerdem kommen *Raw-Desserts* ganz ohne Weizen, Milchprodukte, Eier oder raffinierten Zucker aus.

WIE LANGE SIND RAW-DESSERTS HALTBAR?

Raw-Desserts sind besonders lange haltbar, da sie frei von leicht verderblichen Inhaltsstoffen sind. Im Kühlschrank kannst du sie in der Regel bis zu einer Woche lagern, im Tiefkühler halten sie sich bis zu vier Monate.

NÜSSE EINWEICHEN

Das Einweichen von Nüssen, Kernen und Samen ist kein Muss, hat aber einige wesentliche Vorteile:

- Sie werden weich und lassen sich leichter verarbeiten. Du brauchst also weniger Geduld und schenkst deinem Mixer wahrscheinlich eine längere Lebenszeit.
- Sie sind leichter verdaulich und dein Körper kann die Nährstoffe besser aufnehmen. Durch das Einweichen werden Antinährstoffe abgebaut und in leichter verdauliche Bausteine aufgespalten.

EINWEICHZEIT

- Macadamianüsse: 4 Stunden
- Paranüsse: 6 Stunden
- Cashewkerne: 6 Stunden
- Walnüsse: 6 Stunden
- Haselnüsse: 8 Stunden
- Erdnüsse: 8 Stunden
- Pekannüsse: 8 Stunden
- Mandeln: 8 Stunden
- Sonnenblumenkerne: 6 Stunden
- Kürbiskerne: 12 Stunden

EINWEICHMETHODEN

Es gibt unterschiedliche Methoden, um Nüsse vor der Verarbeitung einzuweichen. Für welche du dich entscheidest, hängt von deiner persönlichen Präferenz, Zeit sowie Geduld ab.

- Long-Soak-Method (4-12 Stunden): Die Nüsse werden in der doppelten Menge kaltem Wasser eingeweicht und abgedeckt. Anschließend werden sie mit reichlich kaltem Wasser abgespült und weiterverarbeitet.
- Hot-Soak-Method (60 Minuten): Die Nüsse werden mit kochend heißem Wasser übergossen. Anschließend lässt man sie eine Stunde ziehen, ohne die Schüssel mit einem Deckel abzudecken. Danach werden die Nüsse mit kaltem Wasser abgespült und weiterverarbeitet.
- Quick-Soak-Method (5 Minuten): Die Nüsse werden in einen Topf mit kochendem Wasser gegeben und ziehen darin 5 Minuten. Anschließend werden sie abgegossen, mit kaltem Wasser abgespült und weiterverarbeitet.

ACHTUNG!

Das Einweichwasser solltest du nicht weiterverwenden, sondern weggießen!

TIPPS UND TRICKS

Beim Backen kann schnell einmal etwas schiefgehen. Deshalb gebe ich dir hier ein paar Tipps, wie man verschiedene Probleme lösen bzw. ihnen vorbeugen kann. Außerdem verrate ich dir einige kleine Tricks, mit denen dir deine veganen Backwerke ganz sicher gelingen.

ZU FESTER ODER ZU FLÜSSIGER KUCHENTEIG

Bei einem zu flüssigen Teig hilft es, etwas mehr Mehl oder Nüsse dazuzugeben. Sollte die Konsistenz zu dick sein, gibst du einfach noch etwas Wasser, pflanzlichen Milchersatz oder Kokosöl dazu.

BRÖSELIGER NUSSBODEN

Hier hilft die Zugabe von etwas Flüssigkeit. Du kannst beispielsweise eine saftige Medjool-Dattel, etwas Agavensirup, Kokosöl oder einen Schluck Wasser dazugeben. Aber nur so viel, dass der Teig zusammenhält, wenn du ihn zwischen deinen Fingern zusammendrückst.

TEIG NICHT ZU LANGE RÜHREN

Es mag sehr meditativ sein, einen Teig stundenlang zu rühren. Bei veganen und glutenfreien Teigen gilt jedoch: Kürzer ist besser! Rührst du zu lange, wird der Teig zäh und geht nicht schön auf. In der Regel vermischst du die trockenen und die flüssigen Zutaten getrennt und vermengst sie erst ganz am Ende.

DER TARTEBODEN IST NICHT DURCHGEBACKEN

Die perfekte Tarte besteht aus einem knusprigen Boden und einer saftigen Füllung. Das klappt am besten, wenn du den Boden etwa 5–7 Minuten vorbäckst. Vergiss nicht, den Teig vor dem Backen mit einer Gabel mehrmals einzustechen, damit sich keine Luftblasen bilden. Nach dem Vorbacken gibst du die Füllung auf den Teig und schiebst ihn zurück in den Backofen.

DER MÜRBTEIG LÄSST SICH NICHT AUSROLLEN

Wenn der Teig beim Ausrollen zerbröselt, klebt oder Löcher hat, kann das daran liegen, dass das Fett flüssig geworden ist und seine Struktur verloren hat. Das passiert, wenn der Teig zu warm geworden ist oder zu lange geknetet wurde. Du solltest den Teig daher immer kalt zusammenkneten und vor dem Ausrollen mindestens 30 Minuten im Kühlschrank ruhen lassen. Klebt der Teig beim Ausrollen, dann solltest du ihn ebenfalls noch eine Weile in den Kühlschrank stellen oder noch etwas Mehl oder Nüsse unterkneten. Falls du Probleme hast, deine Tarteform mit dem rund ausgerollten Teig auszukleiden, solltest du ihn einfach zwischen zwei Backpapierbögen ausrollen. Dann ziehst du den oberen Bogen ab und legst den Teig mit Schwung – Teig voraus – in die Form. Kleine Löcher sind dabei ganz normal und können mit den Händen und dem überschüssigen Teig schnell repariert werden.

DEN PASSENDEN EI-ERSATZ VERWENDEN

Rührkuchen, Keksteig oder eine Quiche-Füllung verlangen nach unterschiedlichen Ei-Alternativen. Hier solltest du dich an die Angaben im jeweiligen Rezept halten. Außerdem kannst du weiter oben noch einmal nachlesen, welche Alternativen sich für welche Rezepte eignen.

KUCHEN MIT BACKPULVER GLEICH BACKEN

Teige, die Backpulver enthalten, solltest du sofort backen, damit sie ihre Backkraft nicht verlieren. Bereite das Backblech oder die Form schon vorher vor, damit du den Kuchen sofort in den Backofen schieben kannst.

RUTSCHIGES BACKPAPIER

Wenn dir das Backpapier dauernd verrutscht – z. B. beim Aufdressieren von Spritzgebäck –, solltest du zwischen Papier und Blech ein wenig Wasser oder Öl verstreichen – schon sitzt es bombenfest. Mit einem kleinen Trick lässt sich auch eine Kuchenform problem- und faltenlos mit Backpapier auslegen: Knülle das Papier einfach zu einem Ball zusammen und halte es kurz unters Wasser. Anschließend drückst du es wie einen Schwamm aus und legst es in die Form.

STÄBCHENTEST

Mit der Stäbchenprobe kannst du feststellen, ob dein Kuchen schon fertig gebacken ist. Stich einfach 5–10 Minuten vor dem angegebenen Garende mit einem Holz- oder Metallstäbchen in die Mitte des Kuchens. Wenn beim Herausziehen kein Teig mehr daran klebt, ist der Kuchen fertig. Sollte der Kuchen außen schon fertig, innen aber noch roh sein, dann solltest du ihn mit Alufolie abdecken und noch etwas länger backen.

DER KUCHEN LÖST SICH NICHT AUS DER FORM

Fette deine Form vor dem Backen gut ein. Am besten verwendest du dazu ganz weiche vegane Butter oder Kokosöl. Vergiss nicht, auch die Ecken gut einzustreichen! Diesen Arbeitsschritt solltest du ausführen, bevor du mit der Zubereitung des Teigs beginnst. So hat das Fett genug Zeit, um wieder etwas härter zu werden, und es bleibt auch beim Einfüllen des Teigs an der Form haften.

EINSINKENDES OBST

Damit das Obst beim Backen nicht nach unten sinkt, solltest du es, bevor du es auf den Kuchen legst, in Reis- oder Hafermehl tauchen. Allerdings nur mit der Seite, die auf der Kuchenoberfläche aufliegt.

KUCHEN AUSKÜHLEN LASSEN

Lass den Kuchen nach dem Backen in der Form auf einem Kuchengitter etwa 45 Minuten (oder nach Rezept) abkühlen. Erst dann solltest du ihn zum vollständigen Auskühlen vorsichtig auf ein Kuchengitter stürzen. Wenn der Kuchen zu warm aus der Form gestürzt wird, kann es sein, dass er auseinanderbricht.

DATTELN PÜRIEREN

Datteln lassen sich leichter zerkleinern, wenn du sie über Nacht in Wasser einweichst. Wenn es schneller gehen soll, kannst du die Datteln in Wasser köcheln, bis sie weich sind. Das dauert etwa 10 Minuten.

KLUMPENBILDUNG VERMEIDEN

Damit sich alle Zutaten gut miteinander vermischen, sollten sie alle Zimmertemperatur haben. Achte darauf, dass kein Tropfen kalter Milchersatz oder Wasser dazukommt, denn schon die kleinste Menge kann den Kuchen in einen Klumpen verwandeln.

DER RAW-CAKE WIRD NICHT FEST

Gerade wenn man selbst Rezepte entwirft, kann es schon mal vorkommen, dass das eine oder andere nicht so gut gelingt. Die falsche Menge bei den Zutaten und schon wird der Raw-Cake nicht fest ... Da die Zutaten meist sehr teuer sind, ist das natürlich besonders ärgerlich. Darum stell den Kuchen einfach in den Tiefkühler und friere ihn ein. Vor dem Servieren lässt du ihn nur ganz leicht antauen und isst ihn halb gefroren. Ich kenne kaum einen Rohkostkuchen, der nicht auch gefroren schmeckt!

DAS DESSERT GEHT EINFACH NICHT AUS DER FORM

Dann friere es mitsamt der Form ein! Um es dann aus der Form zu lösen, kannst du:

- ein heißes, feuchtes Tuch um die Kuchenform legen, damit der Kuchen nur ganz leicht an der Oberfläche schmilzt. Auf diese Weise kannst du das Dessert leicht aus der Form heben;
- Silikonformen verwenden, aus denen sich das Dessert nach dem Einfrieren ganz einfach herausdrücken lässt.

MEHR KUCHEN ALS GÄSTE

Wenn du mehr Kuchen gebacken hast, als du essen kannst, dann friere die übrigen Stücke einfach einzeln verpackt ein. Du kannst sie dann bei Bedarf auftauen und hast so immer eine gesunde Leckerei vorrätig. Die Kuchen halten sich im Tiefkühler problemlos mehrere Monate. Solltest du einmal etwas Teig übrig behalten, beispielsweise weil deine Form kleiner ist als angegeben, dann kannst du aus den Resten einfach kleine köstliche Energy Balls formen.

DER BODEN LÄSST SICH NICHT GLEICHMÄSSIG IN DIE FORM DRÜCKEN

Mit einem kleinen Trick kannst du die Masse gleichmäßig in der Form verteilen. Leg einfach ein Stück Backpapier auf den Teig und drück die Masse mit der Rückseite eines Löffels oder eines Glases fest. Die Höhe des Bodens sollte 1-2 cm betragen.

RESTEVERWERTUNG

Mit ein paar Handgriffen kannst du auch aus übrig gebliebenen Lebensmitteln noch tolle Leckereien zaubern. Hier findest du einige Tipps, wie du Lebensmittelreste sinnvoll verwerten kannst.

FRÜCHTE UND TROCKENFRÜCHTE

- Nicht mehr ganz so frisches Obst kannst du zu Obstkuchen, Chia-Marmelade oder Desserts im Glas verarbeiten. Dazu kochst du das Obst einfach mit einem Süßungsmittel weich und pürierst es anschließend. Nun füllst du das Ganze mit Nüssen und deiner Lieblingscreme oder deinem Lieblingspudding in ein Glas und genießt es.
- Braune, überreife Bananen eignen sich perfekt für Bananenbrot, Kekse, Bananenmilch oder Bananenkuchen. Damit sich Bananen länger halten, solltest du sie nie zusammen mit Äpfeln aufbewahren. Sie gehören auch nicht in den Kühlschrank, da sie dort ihr Aroma verlieren.
- Übrig gebliebene Trockenfrüchte sind ideal für Energy Balls oder Nussböden. Im Buch findest du dazu leckere Rezepte.

GEMÜSE

Du hast zu viele Karotten, einen übrig gebliebenen Kürbis oder eine alte Zucchini? Kein Problem! Ich verrate dir im Buch viele köstliche Rezepte mit Gemüse.

ALTES GEBÄCK

- Aus altem Gebäck kannst du beispielsweise ein Schichtdessert oder ein Lebkuchen-Tiramisu zaubern. Zerkleinere das Gebäck und toppe es mit einer Creme oder Marmelade deiner Wahl.
- Wenn dein Kuchen zusammenfällt oder schon etwas älter ist, dann zerkleinere ihn, gib etwas Flüssigkeit dazu und drücke ihn in eine Kuchenform. Auf dem Boden verstreichst du dann eine Kuchencreme und bestreust das Ganze mit Nüssen.

KOKOSMILCH

In meinen Rezepten und zum Backen benötigst du meistens nur den festen Anteil der Kokosmilch. Die restliche Flüssigkeit kannst du beispielsweise für einen Smoothie oder dein Lieblingsporridge verwenden.

SCHOKOLADE

Wenn du Kuchen, Kekse oder andere Naschereien mit Schokolade überziehst, solltest du das Kuchengitter auf einen Bogen Backpapier stellen. Die überschüssige Schokolade tropft dann darauf, wird fest und du kannst sie später erneut schmelzen.

SPARTIPPS

Einige Zutaten können ganz schön ins Geld gehen. Mit meinen Tricks kannst du genießen und trotzdem sparen!

GETREIDE SELBER MAHLEN

Mahle dein Mehl selbst! Hafermehl kannst du ganz einfach in einem Mixer fein mahlen. Für das Zerkleinern von Reis und Buchweizen brauchst du allerdings eine Getreidemühle. Keine Angst, du musst dir dafür aber nicht extra eine zulegen, denn in Unverpackt- oder Bioläden kannst du ganze Körner kaufen und sie dir auch mahlen lassen.

REGIONAL UND SAISONAL EINKAUFEN

Regionales Obst und Gemüse ist um einiges günstiger. Erdbeeren kosten im Winter ein Vermögen, in der Hauptsaison kannst du sie, wenn du einen Garten hast, sogar selber anbauen und auf Vorrat einfrieren. Mit regionalen Produkten unterstützt du außerdem die heimische Landwirtschaft und tust der Umwelt etwas Gutes!

OBST SELBER ANBAUEN

Falls du einen Garten oder eine sonnige Fensterbank hast, ist das die perfekte Gelegenheit, um selber Obst, Gemüse und Kräuter anzubauen. Himbeeren, Johannisbeeren oder Minze kommen bei guter Pflege jedes Jahr wieder und du kannst sie bei deinen Backtagen erntefrisch verwenden.

GRÖSSERE MENGEN KAUFEN

Nussmus und trockene Zutaten halten sich bei richtiger Lagerung in der Regel sehr lange und du kannst dir damit einen Vorrat anlegen. Wenn du größere Mengen kaufst, sparst du außerdem noch Geld und jede Menge Verpackungsmüll – eine Win-win-Situation. Darüber hinaus solltest du immer wieder nach Rabatten und Aktionen Ausschau halten.

RESTEVERWERTUNG

Nicht mehr frisches Obst und nicht ganz so perfekte Kuchen? Schau dir meine Tipps zur Resteverwertung an und vermeide die Verschwendung von Lebensmitteln. Du glaubst nicht, was man aus Resten alles zaubern kann!

REZEPTE

BASICS 42

KUCHEN 64

MUFFINS UND BROWNIES 96

PRALINEN 114

RIEGEL 140

DESSERTS 166

KEKSE 188

BASICS

NUSSMUS 45
HIMBEER-CHIA-MARMELADE 47
CASHEW-MASCARPONE 49
VANILLEPUDDING 51
MANDEL-DATTEL-CREME 53
DATTEL-SCHOKO-CREME 55
VEGANE SCHOKOLADE 57
KUCHENBÖDEN 59
ENERGY BALLS 61
MÜSLIRIEGEL 63

NUSSMUS

20

Für 1 Glas à 250 g
Vorbereitung: 20 Minuten

Zutaten

250 g Nüsse (Mandeln, Walnüsse, Cashewkerne, Erdnüsse)

Zubereitung

1. Die Nüsse in eine Küchenmaschine geben und so lange zerkleinern, bis sie die gewünschte Konsistenz haben.

TIPP

Beim Zerkleinern musst du die Nüsse immer wieder mit einem Spatel von den Seiten nach unten schieben, damit aus der krümeligen Masse durch die Wärme, die durch die Reibung produziert wird, ein cremiges Mus wird. Dieser Vorgang kann je nach Gerät bis zu 15 Minuten dauern. Du solltest den Mixer zwischendurch immer wieder kurz abschalten, damit er nicht überhitzt und kaputtgeht. Das Mus hält sich luftdicht verschlossen mehrere Monate. Mit der Zeit setzt sich das Öl an der Oberfläche ab. Rühre das Mus einfach um und es wird wieder cremig!

HIMBEER-CHIA-MARMELADE

15

Für 1 Glas à 250 g
Vorbereitung: 15 Minuten

Zutaten

250 g gefrorene Himbeeren
½ TL gemahlene Vanille
½ TL Zimt
3 EL Chiasamen

Weiteres

Süßungsmittel bei Bedarf

Zubereitung

1. Die Himbeeren in einen kleinen Topf geben und bei niedriger Temperatur etwa 5–10 Minuten kochen lassen. Zimt, Vanille und bei Bedarf etwas Süßungsmittel dazugeben und alles gut verrühren.
2. Die Himbeeren mit einer Gabel zerdrücken oder pürieren.
3. Vom Herd nehmen und die Chiasamen einrühren.
4. Die Marmelade in ein Glas füllen, verschließen und auskühlen lassen.

CASHEW-MASCARPONE

10

Für 430 g
Einweichzeit: 4 Stunden
Zubereitung: 10 Minuten

Zutaten

180 g Cashewkerne
120 g kalte Kokosmilch (Dose)
50 g Agavensirup
60 ml flüssiges Kokosöl
½ TL abgeriebene Zitronenschale
20 ml Zitronensaft
1 TL gemahlene Vanille
1 Prise Salz

Zubereitung

1. Die Cashewkerne mindestens 4 Stunden in Wasser einweichen.
2. Abseihen und mit kaltem Wasser abspülen.
3. Zusammen mit den restlichen Zutaten im Mixer so lange fein pürieren, bis die Creme frei von Klumpen ist.

TIPP

Wenn der Cashew-Mascarpone als Kuchencreme verwendet wird, kann man ihn einfach auf einen Kuchenboden streichen und 4 Stunden im Kühlschrank fest werden lassen. Die Menge reicht für eine 26er-Springform.

VANILLEPUDDING

10

Für 4 Personen
Vorbereitung: 10 Minuten
Kühlzeit: 1 Stunde

Zutaten

500 ml pflanzlicher Milchersatz
40 g Tapiokastärke
3 EL Rohrohrzucker
½ TL gemahlene Vanille

Zubereitung

1. 5 EL Milchersatz mit Maisstärke, Zucker und Vanille verrühren.
2. Den restlichen Milchersatz aufkochen und die Stärke-Zucker-Mischung mit dem Schneebesen einrühren.
3. Bei mittlerer Hitze und unter Rühren noch einmal etwa 1 Minute aufkochen lassen.
4. Den Topf vom Herd nehmen und den Pudding in Förmchen oder Schüsselchen füllen.

TIPP

Du kannst den Pudding warm oder kalt servieren. Zum Auskühlen deckst du ihn am besten luftdicht ab und stellst ihn in den Kühlschrank. Du kannst den Pudding auch als Kuchencreme verwenden oder zusammen mit frischen Früchten und Nüssen genießen.

MANDEL-DATTEL-CREME

20

Für 2 Gläser à 250 g
Vorbereitung: 20 Minuten

Zutaten

500 g Mandeln
3–4 EL Dattelsirup
1 Prise Salz

Zubereitung

1. Die Mandeln im Backofen oder in einer Pfanne ohne Fett etwa 5 Minuten bei 150 Grad rösten.
2. Etwas abkühlen und noch warm in einer Küchenmaschine lange zerkleinern, bis die Masse cremig ist.
3. Dattelsirup und Salz dazugeben und erneut mixen.
4. In Gläser füllen und bei Zimmertemperatur aufbewahren.

TIPP

Beim Zerkleinern musst du die Masse immer wieder mit einem Spatel von den Seiten nach unten schieben. Außerdem solltest du die Küchenmaschine immer wieder abschalten, damit sie nicht überhitzt. Du kannst die Creme roh genießen, über Desserts geben oder zum Dippen von Obst verwenden. Die Mandel-Dattel-Creme hält sich mehrere Wochen.

DATTEL-SCHOKO-CREME

10

Für 4 Personen
Vorbereitung: 10 Minuten
Kühlzeit: 4 Stunden

Zutaten

400 g kalte Kokosmilch (Dose)
120 g Zartbitterschokolade
5 EL Dattelpaste
40 g Mandelmus
1 Prise Salz

Zubereitung

1. Den festen Teil der Kokosmilch abschöpfen und in einem Topf bei niedriger Hitze schmelzen lassen.
2. Schokolade und Dattelpaste unter ständigem Rühren dazugeben und langsam schmelzen lassen.
3. Mandelmus und Salz unterrühren.
4. Alles in eine Schüssel geben und mindestens 4 Stunden (am besten über Nacht) im Kühlschrank auskühlen lassen.

TIPP

Am besten stellst du die Dose mit der Kokosmilch über Nacht in den Kühlschrank, dann kannst du den festen Teil ganz einfach abschöpfen. Du kannst die Dattel-Schoko-Creme mit frischen Früchten servieren oder zum Verzieren von Kuchen, Brownies und Muffins verwenden. Im Kühlschrank hält sie sich etwa 1-2 Wochen.

VEGANE SCHOKOLADE

10

Für 1 Tafel
Vorbereitung: 10 Minuten
Kühlzeit: 2 Stunden

Zutaten

125 g Kakaobutter
50 g Kakaopulver
2–3 EL Ahornsirup

Weiteres

Vanille, Zimt, Beeren, gehackte Nüsse, Schokodrops

Zubereitung

1. Die Kakaobutter bei geringer Hitze über dem Wasserbad schmelzen lassen.
2. Kakao und Ahornsirup gut unterrühren, bis eine homogene Masse entstanden ist.
3. Die Schokolade etwas abkühlen lassen und in eine Form gießen.
4. Je nach Geschmack mit Vanille, Zimt, Beeren, gehackten Nüssen oder Schokodrops bestreuen.
5. In den Kühlschrank stellen und mindestens 2 Stunden fest werden lassen.

TIPP

Du kannst den Ahornsirup auch durch ein anderes Süßungsmittel deiner Wahl ersetzen.

TIPP

Sollte der Teig zu bröselig sein, gibst du einfach etwas kaltes Wasser dazu. Ist er zu feucht, dann kannst du noch gemahlene Nüsse oder Hafermehl zufügen.

KUCHENBÖDEN

15

Für 1 Springform Ø 20 cm
Vorbereitung: 15 Minuten

Zutaten für Hafer-Nuss-Boden

110 g Haferflocken
180 g Mandeln
50 g Cashewkerne
80 ml flüssiges Kokosöl
4 EL Ahornsirup
1 Prise Salz

Zutaten für Hafer-Mandel-Boden

70 g Haferflocken
120 g Mandelmehl
2 EL Mandelmus
70 g Datteln
1 EL Mandelmilch
½ TL gemahlene Vanille

Zutaten für Kokosboden

90 g Haferflocken
50 g Kokosraspeln
1 EL flüssiges Kokosöl
2 EL Agavensirup
80 ml Kokosmilch
½ TL gemahlene Vanille

Zubereitung

1. Alle Zutaten in der Küchenmaschine so lange zerkleinern, bis die Masse leicht zusammenklebt, wenn man sie mit den Händen zusammendrückt.
2. Die Masse in eine mit Backpapier ausgelegte Form geben und bis zur Weiterverwendung kühl stellen.

TIPP

Wenn du die Energy Balls ohne Nüsse machen möchtest, ersetzt du diese z. B. durch Hanfsamen, Sesam, Sonnenblumen- oder Kürbiskerne. Du kannst sie bis zu einer Woche im Kühlschrank aufbewahren oder bis zu 4 Monate einfrieren.

ENERGY BALLS

Für 24 Stück
Vorbereitung: 15 Minuten

Zutaten

200 g Trockenfrüchte (Datteln, Feigen, Aprikosen)

130 g Nüsse, Kerne und Samen (Erdnüsse, Cashewkerne, Mandeln, Walnüsse)

20 g Hafer- oder andere Getreideflocken

1 Prise Salz

½ TL Zimt oder ein anderes Gewürz (z. B. Vanille, Kardamom, Kakaopulver)

Weiteres

Kakaopulver oder Matcha, Kokosraspeln, Zucker-Zimt-Mischung bzw. Beerenpulver

Zubereitung

1. Alle Zutaten in einer Küchenmaschine so lange zerkleinern, bis die Masse beim Zusammendrücken zusammenhält. Eventuell noch eine Dattel oder etwas Wasser bzw. Haferflocken oder Nüsse dazugeben.
2. Von der Masse mit einem Esslöffel kleine Portionen abstechen und mit den Händen zu Kugeln rollen.
3. Den Vorgang so lange wiederholen, bis die Masse aufgebraucht ist.
4. Die Kugeln je nach Wunsch in Kakao, Matcha, Kokosraspeln, Zucker-Zimt-Mischung oder Beerenpulver rollen.
5. Auf Backpapier legen und etwa 1 Stunde fest werden lassen.

TIPP

Statt Salz kannst du Zimt, Vanille, Kardamom oder Kakaopulver verwenden. Du kannst die Haferflocken auch durch andere Getreideflocken, das Kokosöl durch vegane Butter, Apfelmus oder Bananen bzw. den Ahornsirup durch Dattel-, Agaven- oder Reissirup ersetzen. Statt der mit Backpapier ausgelegten Form kannst du auch eine aus Silikon verwenden.

MÜSLIRIEGEL

15

Für 12 Stück
Vorbereitung: 15 Minuten

Zutaten

200 g Nüsse, Kerne und Saaten (z. B. Erdnüsse, Cashewkerne, Mandeln, Walnüsse)
120 g Trockenfrüchte (z. B. Datteln, Feigen, Aprikosen)
1 Prise Salz
100 g Haferflocken
60 ml flüssiges Kokosöl
100 g Ahornsirup

Zubereitung

1. Die Nüsse, Samen und Kerne in einer Küchenmaschine kurz zerkleinern und die Nussmasse in eine Schüssel geben.
2. Die Trockenfrüchte klein hacken und mit Salz vermischen. Zusammen mit den Haferflocken zur Nussmasse geben.
3. Das Kokosöl bei niedriger Hitze schmelzen lassen.
4. Ahornsirup zufügen und alles zur Nussmasse geben. Gut verrühren.
5. Die Masse in eine mit Backpapier ausgelegte Form (20 x 20 cm) geben und im Kühlschrank fest werden lassen.
6. Aus der Form nehmen und in gleichmäßige Riegel schneiden.

KUCHEN

ZUCCHINIKUCHEN 67
LINZERTORTE MIT HIMBEEREN 69
APRIKOSEN-MANDEL-GALLETTE 71
NUSSKUCHEN 73
PEKANNUSS-KÜRBIS-TARTE 75
KÄSEKUCHEN 77
KOKOS-JOGHURT-KUCHEN 79
MOHN-ZITRONEN-KUCHEN 81
ZIMT-MARMOR-KUCHEN 83
APFELKUCHEN 85
RAW-PISTAZIEN-CHEESECAKE 87
PFLAUMENKUCHEN 89
APFEL-STREUSEL-KUCHEN 91
SAFTIGER SCHOKOKUCHEN 93
MATCHAKUCHEN 95

TIPP

Du kannst das Hafermehl auch durch Reismehl ersetzen oder eine Mischung aus beiden Mehlen verwenden.

ZUCCHINIKUCHEN

20

Für 1 Springform ∅ 20 cm
Vorbereitung: 20 Minuten
Backzeit: 50 Minuten

Zutaten

2 EL Leinsamen
6 EL Wasser
160 g Hafermehl
1 EL Maisstärke
40 g entöltes Kakaopulver
50 g Kokosblütenzucker
40 g geriebene Mandeln
2 TL Backpulver
1 TL Natron
2 Zucchini (etwa 240 g)
60 ml pflanzlicher Milchersatz
1 TL Apfelessig
80 ml flüssiges Kokosöl

Weiteres

2 EL Mandelmus
30 g Kakaonibs

Zubereitung

1. Den Backofen auf 180 Grad vorheizen und die Form mit Kokosöl einfetten oder mit Backpapier auslegen.
2. Leinsamen und Wasser verrühren und mindestens 5 Minuten quellen lassen.
3. Hafermehl, Speisestärke, Kakao, Kokosblütenzucker, Mandeln, Backpulver und Natron in einer Schüssel vermischen.
4. Die Zucchini fein reiben und zusammen mit dem pflanzlichen Milchersatz, Apfelessig und Kokosöl zur Mehlmischung geben.
5. Alles kurz zu einem homogenen Teig verrühren und in die vorbereitete Form füllen.
6. Im Backofen etwa 50 Minuten backen, herausnehmen und auf einem Kuchengitter vollständig auskühlen lassen.
7. Mit Mandelmus glasieren und mit Kakaonibs bestreuen.

TIPP

Die Marmelade solltest du bereits am Vortag oder mindestens 1–2 Stunden vor dem Backen zubereiten.

LINZERTORTE MIT HIMBEEREN

20

Für 1 Springform ∅ 20 cm
Vorbereitung: 20 Minuten
Backzeit: 25 Minuten

Zutaten

80 g gemahlene Mandeln
40 g Maisstärke
50 g Vollrohrzucker
100 g kalte vegane Butter
1 Prise gemahlene Nelken
½ TL Zimt
½ TL gemahlene Vanille
1 Glas Himbeer-Chia-Marmelade (siehe Seite 47)

Weiteres

1–2 EL Sojamilch
70 g gehackte Haselnüsse

Zubereitung

1. Mandeln, Stärke und Vollrohrzucker in einer Schüssel vermischen und die kalte Butter in Flocken einarbeiten.
2. Den Teig zur Kugel formen, in eine Schüssel legen und mit einem Tuch abdecken. Mindestens 30 Minuten kalt stellen.
3. Den Backofen auf 180 Grad vorheizen und die Form mit etwas Butter ausstreichen.
4. Zwei Drittel des Teiges ausrollen und die Form damit auslegen. Die Ränder sollten dabei 2–3 cm hoch sein.
5. Den restlichen Teig ausrollen und in 1–2 cm breite Streifen schneiden.
6. Die Marmelade auf dem Boden verstreichen und die Teigstreifen gitterförmig darauflegen. Mit etwas Sojamilch bestreichen und mit gehackten Haselnüssen bestreuen.
7. Im Backofen etwa 25 Minuten backen. Herausnehmen und auf einem Kuchengitter vollständig auskühlen lassen. Erst dann aus der Form lösen.

APRIKOSEN-MANDEL-GALLETTE

15

Für 4 Personen
Vorbereitung: 15 Minuten
Backzeit: 25–30 Minuten

Für den Teig

45 g Reismehl
50 g Maismehl
30 g Maisstärke
50 g Vollrohrzucker
1 Prise Salz
100 g kalte vegane Butter
3 EL Wasser

Für die Füllung

300 g Aprikosen
½ TL Zimt
1 EL Vollrohrzucker
1 EL Maisstärke
1 EL Zitronensaft
1–2 EL Agavensirup

Weiteres

2 EL Hafermilch
30 g Mandelblättchen

Zubereitung

1. Reis- und Maismehl, Maisstärke, Vollrohrzucker und Salz in einer Schüssel vermischen.
2. Die kalte Butter in Flocken und Wasser dazugeben und alles schnell zu einem homogenen Teig verkneten.
3. Den Teig zur Kugel formen, in eine Schüssel legen und mit einem Tuch abdecken. Im Kühlschrank 30 Minuten ruhen lassen.
4. Die Aprikosen waschen, halbieren und entsteinen. In dünne Scheiben schneiden und mit Zimt, Zucker, Maisstärke und Zitronensaft gut vermengen.
5. Den Teig in 4 gleich große Teile teilen und mit Maisstärke bestreuen. Auf einer mit Reismehl bestreuten Arbeitsfläche rund ausrollen.
6. Die Aprikosen mittig darauf verteilen und dabei einen 3–4 cm breiten Rand frei lassen.
7. Den Teig vom Rand her vorsichtig über die Aprikosen legen, sodass sich die Ränder überlappen.
8. Die Teigränder mit Hafermilch bestreichen und mit Mandelblättchen bestreuen.
9. Die Gallette 25–30 Minuten bei 170 Grad backen, bis der Rand goldbraun ist.

TIPP

Du kannst die Süßkartoffel-Schoko-Creme auch zum Füllen oder Einstreichen anderer Kuchen verwenden.

NUSSKUCHEN

Für 1 Springform ∅ 18 cm
Vorbereitung: 20 Minuten
Backzeit: 30 Minuten

Für den Boden

160 g Hafermehl
200 g gemahlene Haselnüsse
2 EL Tapiokastärke
50 g Dattelzucker
1 EL Kakaopulver
1 TL Backpulver
1 TL Natron
1 EL Apfelessig
240 ml Sojamilch
80 ml flüssiges Kokosöl
½ TL gemahlene Vanille

Für die Süßkartoffel-Schoko-Creme

70 g gekochte Süßkartoffeln
60 g Mandel- oder Haselnussmus
20 g Agavensirup
2 EL Kakaopulver
20 ml Hafermilch
½ TL gemahlene Vanille
1 Prise Salz

Zubereitung

1. Den Backofen auf 180 Grad vorheizen und eine Form mit Backpapier auslegen.
2. Hafermehl, Haselnüsse, Tapiokastärke, Dattelzucker, Kakao, Backpulver und Natron in einer Schüssel vermischen.
3. Apfelessig und Sojamilch verrühren und einige Minuten stehen lassen, bis die Sojamilch gerinnt.
4. Kokosöl und Vanille dazugeben und alles mit den trockenen Zutaten verrühren.
5. Die Masse in die Form geben und etwa 30 Minuten backen.
6. Herausnehmen und auskühlen lassen.
7. Inzwischen Süßkartoffeln, Mandelmus, Agavensirup, Kakao, Hafermilch, Vanille und Salz im Mixer so lange pürieren, bis eine feine Creme entstanden ist.
8. Die Creme auf den ausgekühlten Boden streichen.

TIPP

Aus dem Mürbteig kannst du auch hervorragend Kekse backen!

PEKANNUSS-KÜRBIS-TARTE

20

Für 1 Tarteform ∅ 25 cm
Vorbereitung: 20 Minuten
Backzeit: 30 Minuten

Für den Teig

125 g Mandelmehl oder Hafermehl
40 g Kokosmehl
50 g Agavensirup
40 ml flüssiges Kokosöl
½ TL gemahlene Vanille
1 Prise Salz
30 ml Wasser

Für die Füllung

300 g pürierter Kürbis
120 g kalte Kokosmilch (Dose)
100 g Medjool-Datteln (ohne Stein)
½ TL Agar-Agar
1 EL Chiasamen
½ TL gemahlene Vanille
½ TL Zimt
70 g Pekannüsse

Weiteres

50 g Pekannusshälften
20 g geschlagene Kokossahne
20 g Schokoladenraspel

Zubereitung

1. Eine Tarteform mit Kokosöl einfetten.
2. In einer Schüssel Mandel- und Kokosmehl, Agavensirup, Kokosöl, Vanille und Salz vermischen.
3. Das Wasser dazugeben und alles zu einem Teig verkneten.
4. Den Teig zu einer Kugel formen und in die Form drücken. An den Rändern etwa 5 cm hochziehen und im Kühlschrank etwa 10 Minuten ruhen lassen.
5. Inzwischen den Backofen auf 180 Grad vorheizen.
6. Kürbis, Kokosmilch, Datteln, Agar-Agar, Chiasamen, Vanille und Zimt mit dem Pürierstab mixen. Die Pekannüsse klein hacken und unter die Creme rühren.
7. Die Creme auf dem Tarteboden verteilen und 30 Minuten backen.
8. Aus dem Backofen nehmen und vollständig auskühlen lassen.
9. Mit Pekannüssen, aufgeschlagener Kokossahne und Schokoladenraspeln garnieren.

KÄSEKUCHEN

15

Für 1 Springform ∅ 20 cm
Vorbereitung: 15 Minuten
Backzeit: 45 Minuten

Für den Teig

110 g Haferflocken
180 g Mandeln
50 g Cashewkerne
80 ml flüssiges Kokosöl
4 EL Ahornsirup
1 EL Chiasamen
1 Prise Salz

Für die Füllung

250 g Sojajoghurt
1 Zitrone
30 g weiche vegane Butter
20 g Kokosblütenzucker
200 g Seidentofu
40 g Maisstärke
20 g Agavensirup

Weiteres

100 g Himbeer-Chia-Marmelade (siehe Seite 47)

Zubereitung

1. Haferflocken, Mandeln, Cashewkerne, Kokosöl, Ahornsirup, Chiasamen und Salz in einer Küchenmaschine so lange zerkleinern, bis eine leicht klebrige Masse entsteht.
2. Den Backofen auf 180 Grad vorheizen und die Form mit etwas Kokosöl einfetten.
3. Die Masse auf dem Boden der Form gleichmäßig verteilen und am Rand etwa 3–5 cm hochziehen.
4. Den Sojajoghurt in einem sauberen Geschirrtuch abtropfen lassen und die Zitrone auspressen.
5. Die weiche Butter mit Zucker aufschlagen und mit dem abgetropften Sojajoghurt, Seidentofu, Stärke, Agavensirup und Zitronensaft zu einer homogenen Creme verrühren.
6. Die Creme gleichmäßig auf dem Kuchenboden verstreichen und etwa 45 Minuten backen.
7. Herausnehmen und vollständig auskühlen lassen.
8. Die Himbeer-Chia-Marmelade als Spiegel auf die Torte geben.

TIPP

Die Kokosmilch solltest du mindestens 12–24 Stunden in den Kühlschrank stellen, damit sie richtig kalt ist und sich das Kokosfett absetzen kann! Du kannst den Kuchen auch mit frischen Früchten servieren.

KOKOS-JOGHURT-KUCHEN

20

Für 1 Springform ∅ 20 cm
Vorbereitung: 20 Minuten
Backzeit: 50 Minuten

Zutaten

400 g kalte Kokosmilch (Dose)
1 Zitrone
400 g Kokosjoghurt
60 g Kokosblütenzucker
70 g Mandelmehl
50 g Maisgrieß
½ Pkg. Puddingpulver
½ TL gemahlene Vanille

Weiteres

80 g Kokosjoghurt

Zubereitung

1. Den Backofen auf 180 Grad vorheizen und die Form mit etwas Kokosöl einfetten.
2. Von der Kokosmilch das Kokosfett, das sich oben abgesetzt hat, abschöpfen und mit dem Mixer einige Minuten auf höchster Stufe aufschlagen.
3. Die Zitronenschale abreiben.
4. Zusammen mit Kokosjoghurt, Kokosblütenzucker, Mandelmehl, Puddingpulver, Maisgrieß und Vanille unter das aufgeschlagene Kokosfett rühren.
5. Den Teig in die Form geben und glatt streichen.
6. Im Backofen etwa 50 Minuten backen.
7. Herausnehmen, vollständig auskühlen lassen und mit Kokosjoghurt verzieren.

TIPP

Beim veganen Backen ist es besonders wichtig, die trockenen und feuchten Zutaten zuerst getrennt zu vermischen.

MOHN-ZITRONEN-KUCHEN

20

Für 1 Springform ∅ 25 cm
Vorbereitung: 20 Minuten
Backzeit: 40 Minuten

Zutaten

100 g gemahlener Mohn
150 g Hafermehl
40 g Buchweizenmehl
40 g Tapiokastärke
80 g Erythrit
2 TL Backpulver
½ TL Natron
½ TL gemahlene Vanille
80 ml flüssiges Kokosöl
200 g Kokosjoghurt
2 EL Zitronensaft
1 Zitrone, abgerieben
1 EL Apfelessig

Weiteres

100 g veganer Frischkäse
60 g Puder-Xylit
1–2 EL Zitronensaft
100 g Heidelbeeren

Zubereitung

1. Den Backofen auf 180 Grad vorheizen und die Form mit etwas Kokosöl einfetten oder mit Backpapier auslegen.
2. Mohn, Hafer- und Buchweizenmehl, Tapiokastärke, Erythrit, Backpulver, Natron und Vanille in einer Schüssel vermischen.
3. Das Kokosöl auf kleiner Flamme schmelzen lassen und zusammen mit Kokosjoghurt, Zitronensaft, -schale und Apfelessig zu den trockenen Zutaten geben.
4. Alles kurz zu einem homogenen Teig verrühren. (Achtung: Nicht zu lange rühren, sonst wird der Kuchen zu trocken!)
5. Den Teig in die Form geben und etwa 40 Minuten backen.
6. Den Kuchen auf einem Kuchengitter vollständig auskühlen lassen.
7. Veganen Frischkäse, Puder-Xylit und Zitronensaft im Mixer gut verrühren. Den Kuchen damit bestreichen und mit Heidelbeeren garnieren.

TIPP

Du kannst die beiden Teighälften auch mit anderen Gewürzen aromatisieren. Lass deiner Kreativität freien Lauf und entdecke neue Kombinationen!

ZIMT-MARMOR-KUCHEN

15

Für 1 Springform ∅ 25 cm
Vorbereitung: 15 Minuten
Backzeit: 40 Minuten

Zutaten

110 g Hafermehl
70 g Reismehl
50 g Maisstärke
130 g Xylit
100 g gemahlene Mandeln
1 TL gemahlene Vanille
1 TL Backpulver
320 ml Mineralwasser
50 g Apfelmus

Weiteres

1 EL Kakaopulver
3 EL Wasser
1 TL Zimt

Zubereitung

1. Den Backofen auf 180 Grad vorheizen und die Form mit etwas Kokosöl einfetten oder mit Backpapier auslegen.
2. Hafer-, Reismehl, Maisstärke, Mandeln, Xylit, Vanille und Backpulver in einer Schüssel vermischen.
3. Mineralwasser und Apfelmus verrühren, zu den trockenen Zutaten geben und alles kurz vermengen. (Achtung: Nicht zu lange rühren, damit der Teig nicht zu fest wird!)
4. Den Teig halbieren und unter die eine Hälfte Kakao und Wasser rühren. Unter die andere Hälfte den Zimt rühren.
5. Beide Teige abwechselnd in die Form geben und etwa 40 Minuten backen.
6. Anschließend vollständig auskühlen lassen.

APFELKUCHEN

15

Für 1 Springform ∅ 18 cm
Vorbereitung: 15 Minuten
Backzeit: 45 Minuten

Zutaten

90 g Haferflocken
50 g gemahlene Haselnüsse
35 g Dattelzucker
5 g Tapiokastärke
2 TL Backpulver
½ TL gemahlene Vanille
1 TL Zimt
1 Prise Salz
10 ml flüssiges Kokosöl
2 Äpfel
50 g Haselnussmus
50 ml Hafermilch
60 g Apfelmus

Weiteres

1 Apfel

Zubereitung

1. Den Backofen auf 180 Grad vorheizen und die Form einfetten oder mit Backpapier auslegen.
2. Haferflocken, Haselnüsse, Dattelzucker, Tapiokastärke, Backpulver, Vanille, Zimt und Salz in einer Schüssel vermischen.
3. Die Äpfel reiben und mit Kokosöl, Haselnussmus, Hafermilch und Apfelmus vermengen.
4. Die feuchten Zutaten zu den trockenen geben und alles zu einer homogenen Masse verrühren.
5. Den Teig in die Form füllen und etwa 45 Minuten backen.
6. Kurz vor Ende der Backzeit den Apfel halbieren und in dünne Scheiben schneiden.
7. Den Kuchen aus dem Backofen nehmen und die Apfelscheiben sofort rosenförmig darauflegen.

TIPP

Wenn die Masse für den Boden zu trocken ist, kannst du noch etwas Wasser dazugeben; ist sie zu feucht, gibst du noch etwas Mandeln oder Kokosflocken dazu. Der Cheesecake lässt sich prima einfrieren. Du musst ihn vor dem Servieren nur etwa 2 Stunden auftauen lassen.

RAW-PISTAZIEN-CHEESECAKE

20

Für 1 Springform ∅ 20 cm
Vorbereitung: 20 Minuten
Kühlzeit: 4 Stunden

Für den Boden

100 g Mandeln
20 g Kokosraspeln
100 g Medjool-Datteln (ohne Stein)
1 TL flüssiges Kokosöl
1 Prise Salz

Für den Belag

4 TL flüssiges Kokosöl
50 g Kokosraspeln
200 g kalte Kokosmilch (Dose)
200 g Cashewkerne
3 EL Pistazienmus
80 g Agavensirup

Weiteres

2 EL Pistazienmus
30 g gehackte Pistazien

Zubereitung

1. Den Boden der Form mit Backpapier auslegen und die Ränder mit Kokosöl einfetten.
2. Mandeln, Kokosflocken, Datteln, Kokosöl und Salz in der Küchenmaschine so lange zerkleinern, bis eine klebrige Masse entstanden ist.
3. Die Masse gleichmäßig in der Form verteilen und an den Rändern etwa 3–4 cm hochziehen. Fest andrücken und den Boden kühl stellen.
4. Den harten Teil der Kokosmilch abschöpfen und mit Kokosöl, Kokosflocken, Cashewkernen, Pistazienmus und Agavensirup in der Küchenmaschine zerkleinern, bis die Creme frei von Klumpen ist.
5. Die Creme auf den Kuchenboden geben, glatt streichen und mindestens 4 Stunden (am besten über Nacht) im Kühlschrank fest werden lassen.
6. Mit Pistazienmus und gehackten Pistazien verzieren.

TIPP

Die Leinsamen dienen hier als Ei-Ersatz und Bindemittel, liefern aber noch zusätzlich wertvolle Omega-3-Fettsäuren. Du kannst das Marzipan und die gemahlenen Mandeln auch weglassen und den Teig nur mit Pflaumen belegen.

PFLAUMENKUCHEN

15

Für 1 Springform ∅ 20 cm
Vorbereitung: 15 Minuten
Backzeit: 35 Minuten

Für den Teig

2 EL geschroteter Leinsamen
6 EL Wasser
150 g Haferflocken
100 g Buchweizenmehl
50 g gemahlene Mandeln
90 g Kokosblütenzucker
1 TL Zimt
½ TL gemahlener Kardamom
1 TL Backpulver
1 TL Natron
250 ml Hafermilch
1 EL Apfelessig
50 ml flüssiges Kokosöl

Weiteres

20 g Marzipan
500 g Pflaumen
2 EL gemahlene Mandeln
4 EL Ahornsirup
1 TL Zimt
1 Prise Kardamom

Zubereitung

1. Den Backofen auf 170 Grad vorheizen und die Form mit etwas Kokosöl einfetten oder mit Backpapier auslegen.
2. Leinsamen und Wasser verrühren und einige Minuten quellen lassen.
3. Inzwischen in einer Schüssel Haferflocken, Buchweizenmehl, Mandeln, Kokosblütenzucker, Zimt, Kardamom, Backpulver und Natron vermischen.
4. In einer weiteren Schüssel Hafermilch, Apfelessig und flüssiges Kokosöl verrühren.
5. Zusammen mit den gequollenen Leinsamen zu den trockenen Zutaten geben und alles kurz zu einem homogenen Teig verrühren.
6. Den Teig in die Form geben.
7. Die Pflaumen entsteinen, halbieren und in Streifen schneiden.
8. Das Marzipan mit den Händen zerkleinern und auf dem Teig verteilen.
9. Die Pflaumen gleichmäßig auf den Kuchen legen und mit gemahlenen Mandeln, Ahornsirup, Zimt und Kardamom bestreuen.
10. Im Backofen etwa 35 Minuten backen, herausnehmen und auf einem Kuchengitter vollständig auskühlen lassen.

TIPP

Du kannst den Kuchen mit veganem Eis oder Karamellsauce servieren.

APFEL-STREUSEL-KUCHEN

Für 1 Backform (30 x 30 cm)
Vorbereitung: 15 Minuten
Backzeit: 45 Minuten

Für den Teig

5 kleine Äpfel
2 EL geschroteter Leinsamen
6 EL Wasser
120 g Reismehl
100 g Hafermehl
30 g Maisstärke
50 g gemahlene Mandeln
1 TL Backpulver
1 TL Natron
1 Prise Salz
½ TL Zimt
1 TL gemahlene Vanille
70 g Kokosblütenzucker
100 g Apfelmus
80 ml pflanzlicher Milchersatz
1 EL Zitronensaft
80 ml flüssiges Kokosöl

Für die Streusel

50 g Hafermehl
20 g Maisstärke
2 EL Kokosblütenzucker
1 TL Zimt
30 ml flüssiges Kokosöl

Zubereitung

1. Den Backofen auf 180 Grad vorheizen und eine Form einfetten oder mit Backpapier auslegen.
2. Die Äpfel schälen und in gleichmäßige Würfel schneiden.
3. Leinsamen und Wasser vermischen und einige Minuten quellen lassen.
4. Reismehl, Hafermehl, Maisstärke, Mandeln, Backpulver, Natron, Salz, Zimt, Vanille und Kokosblütenzucker in einer Schüssel vermischen.
5. Den pflanzlichen Milchersatz mit Zitronensaft verrühren.
6. Zusammen mit Apfelmus und Kokosöl zu den trockenen Zutaten geben. Gut verrühren, bis alle Zutaten vermischt sind.
7. Den Teig in die vorbereitete Backform geben, die Apfelwürfel darauf verteilen und vorsichtig in den Teig drücken.
8. Hafermehl, Maisstärke, Kokosblütenzucker, Zimt und Kokosöl zu Streuseln verkneten und auf dem Kuchen verteilen.
9. Im Backofen etwa 45 Minuten backen, herausnehmen und vollständig auskühlen lassen.

SAFTIGER SCHOKOKUCHEN

30

Für 1 Springform ∅ 20 cm
Vorbereitung: 30 Minuten
Backzeit: 25 Minuten

Zutaten

500 g Süßkartoffeln
180 g Haferflocken
50 g Kakaopulver
1 TL Backpulver
1 Prise Salz
4 Medjool-Datteln (ohne Stein)
1 TL Vanilleextrakt
200 ml Hafermilch

Weiteres

100 g Zartbitterschokolade
30 ml Sojasahne

Zubereitung

1. Die Süßkartoffeln schälen, in Stücke schneiden und weich kochen. Abseihen und in der Küchenmaschine so lange pürieren, bis die Masse eine glatte Konsistenz hat. Das Süßkartoffelpüree auskühlen lassen.
2. Den Backofen auf 180 Grad vorheizen und eine Form einfetten oder mit Backpapier auslegen.
3. Haferflocken, Kakao, Backpulver und Salz in einer Schüssel vermischen.
4. Süßkartoffelpüree, Datteln, Vanilleextrakt und pflanzlichen Milchersatz im Mixer so lange pürieren, bis eine homogene Masse entstanden ist.
5. Zu den trockenen Zutaten geben und alles gut verrühren.
6. Den Teig in die vorbereitete Backform füllen, glatt streichen und etwa 25 Minuten backen.
7. Den Kuchen aus dem Backofen nehmen und in der Form etwa 10 Minuten abkühlen lassen. Anschließend auf ein Kuchengitter stürzen und vollständig auskühlen lassen.
8. Die Schokolade in Stücke brechen und in eine Schüssel geben. Die Sojasahne erhitzen, über die Schokolade gießen und so lange rühren, bis eine einheitliche Glasur entstanden ist.
9. Den Schokokuchen mit der Glasur überziehen.

TIPP

Die Kokosmilch solltest du am besten über Nacht in den Kühlschrank stellen, damit sich der harte Teil oben absetzt. Um zu prüfen, ob der Kuchen durchgebacken ist, kannst du mit einem Zahnstocher in die Mitte stechen. Wenn beim Herausziehen nichts am Zahnstocher klebt, ist der Kuchen fertig.

MATCHAKUCHEN

25

Für 1 Backform (20 x 20 cm)
Vorbereitung: 25 Minuten
Backzeit: 25 Minuten

Für den Boden

120 g Hafermehl
80 g Reismehl
2 EL Tapiokastärke
3 TL Matcha
1 TL Backpulver
½ TL Natron
1 Prise Salz
½ TL gemahlene Vanille
220 ml Hafermilch
80 ml flüssiges Kokosöl
80 g Kokosblütenzucker
1 EL Zitronensaft oder Apfelessig

Für die Glasur

200 g sehr kalte Kokosmilch (Dose)
200 g veganer Frischkäse
20 g Kokosblütenzucker
1 Prise Vanille

Weiteres

½ TL Matcha

Zubereitung

1. Den Backofen auf 180 Grad vorheizen und die Backform mit Backpapier auslegen oder einfetten.
2. Hafermehl, Reismehl, Speisestärke, Matcha, Backpulver, Natron und Salz in einer Schüssel vermischen.
3. Vanilleextrakt, Hafermilch, Kokosöl, Kokosblütenzucker und Zitronensaft vermengen.
4. Zu den trockenen Zutaten geben und alles zu einem glatten Teig verrühren.
5. Den Teig in die Form füllen und glatt streichen.
6. Im Backofen etwa 25 Minuten backen.
7. Den Kuchen aus dem Backofen nehmen und etwa 10 Minuten in der Form abkühlen lassen. Auf ein Kuchengitter stürzen und vollständig auskühlen lassen.
8. Von der Kokosmilch den oberen, harten Teil abschöpfen und mit veganem Frischkäse, Kokosblütenzucker und Vanille so lange verrühren, bis die Masse cremig ist.
9. Die Creme auf dem Kuchen verteilen und mit Matcha garnieren.

MUFFINS UND BROWNIES

KICHERERBSENBROWNIES 99
MOHN-WALNUSS-BROWNIES 101
SAFTIGE TAHINI-BROWNIES 103
ROTE-BETE-BROWNIES 105
CHAI-MUFFINS 107
KÜRBISMUFFINS 109
SCHOKOMUFFINS 111
KAROTTENMUFFINS 113

TIPP

Die Brownies schmecken einfach himmlisch, wenn sie noch lauwarm sind.

KICHERERBSENBROWNIES

20

Für 1 Backform (20 x 20 cm)
Vorbereitung: 20 Minuten
Backzeit: 30 Minuten

Zutaten

2 EL geschroteter Leinsamen
6 EL Wasser
240 g Kichererbsen (Dose)
140 ml Hafermilch
1 EL Apfelessig
80 g Mandelmus
2 TL Vanilleextrakt
80 g Kokosblütenzucker
90 g gemahlene Mandeln
1 TL Backpulver
½ TL Natron
1 Prise Salz
130 g Schokodrops

Zubereitung

1. Den Leinsamen mit Wasser vermengen und einige Minuten quellen lassen.
2. Den Backofen auf 170 Grad vorheizen und eine Backform mit Backpapier auslegen.
3. Kichererbsen, Hafermilch, Apfelessig, Mandelmus und Vanilleextrakt in der Küchenmaschine zu einer homogenen, cremigen Masse mixen.
4. Kokosblütenzucker, Mandeln, Backpulver, Natron und Salz zusammen mit der Leinsamen-Mischung dazugeben und alles zu einem Teig verrühren.
5. Zum Schluss 60 g Schokodrops unterheben.
6. Den Teig in die Form geben, glatt streichen und etwa 30 Minuten backen.
7. Herausnehmen, mit den restlichen Schokodrops bestreuen und auskühlen lassen.

MOHN-WALNUSS-BROWNIES

20

Für 1 Backform (20 x 20 cm)
Vorbereitung: 20 Minuten
Backzeit: 20 Minuten

Zutaten

2 EL Chiasamen
6 EL Wasser
70 g Hafermehl
70 g gemahlene Walnüsse
50 g gehackte Walnüsse
70 g gemahlener Mohn
50 g Kakaopulver
80 g Kokosblütenzucker
½ TL Backpulver
1 Prise Zimt
1 Prise Salz
60 g Apfelmus
100 ml Sojamilch
1 TL Apfelessig
50 ml flüssiges Kokosöl

Weiteres

50 g Walnusshälften

Zubereitung

1. Den Backofen auf 180 Grad vorheizen und die Backform mit Backpapier auslegen.
2. Chiasamen und Wasser verrühren und etwa 5 Minuten quellen lassen.
3. Hafermehl, gemahlene und gehackte Walnüsse, Mohn, Kakao, Kokosblütenzucker, Backpulver, Zimt und Salz in einer Schüssel vermengen.
4. Mit einem Stabmixer Apfelmus, Sojamilch, Apfelessig und Kokosöl pürieren und zusammen mit den gequollenen Chiasamen zu den trockenen Zutaten geben. Alles zu einem homogenen Teig verrühren.
5. Den Teig in die Form geben und glatt streichen.
6. Im Backofen etwa 20 Minuten backen. Herausnehmen und mit den halbierten Walnüssen verzieren.

SAFTIGE TAHINI-BROWNIES

10

Für 1 Backform (20 x 20 cm)
Vorbereitung: 10 Minuten
Backzeit: 20–25 Minuten

Zutaten

2 EL Chiasamen
6 EL Wasser
2 Bananen
120 g Tahini (Sesammus)
90 g Dattelsirup
100 ml Hafermilch
40 g Kokosmehl
120 g Reismehl
2 TL Backpulver
4 EL Kakaopulver
1 Prise Salz
1 Handvoll Schokodrops

Zubereitung

1. Den Backofen auf 170 Grad vorheizen und die Backform mit Backpapier auslegen.
2. Chiasamen und Wasser verrühren und 5 Minuten quellen lassen.
3. Die Banane mit einer Gabel zerdrücken und mit Tahini, Dattelsirup, Hafermilch und den gequollenen Chiasamen vermengen.
4. In einer Schüssel Kokosmehl, Reismehl, Backpulver, Kakao und Salz vermischen.
5. Die flüssigen Zutaten dazugeben und alles zu einem Teig verrühren.
6. Den Teig in die Form geben, glatt streichen und die Schokodrops darauf verteilen.
7. Im Backofen etwa 20–25 Minuten backen.

ROTE-BETE-BROWNIES

10

Für 1 Backform (20 x 20 cm)
Vorbereitung: 10 Minuten
Backzeit: 45 Minuten

Zutaten

150 g Rote Bete
1 EL Chiasamen
3 EL Wasser
50 g Schokolade
90 g Erdmandeln
25 g Kakaopulver
1 TL Backpulver
½ TL Natron
1 EL Mandelmus
30 ml flüssiges Kokosöl
120 ml Mandelmilch
2 EL Dattelsirup
1 TL Vanilleextrakt

Weiteres

80 g geschmolzene Zartbitterschokolade

Zubereitung

1. Die Rote Bete schälen, in kleine Stücke schneiden und in Wasser etwa 30 Minuten kochen. Abseihen, in der Küchenmaschine fein pürieren und vollständig auskühlen lassen.
2. Chiasamen und Wasser verrühren und 5 Minuten quellen lassen.
3. Die Schokolade über dem Wasserbad schmelzen.
4. Den Backofen auf 170 Grad vorheizen und die Backform mit Backpapier auslegen.
5. In einer Schüssel Erdmandeln, Kakao, Backpulver und Natron vermischen.
6. In einer weiteren Schüssel die gequollenen Chiasamen, Rote-Bete-Püree, Mandelmus, Kokosöl, Dattelsirup, geschmolzene Schokolade und Vanille vermengen und zu den trockenen Zutaten geben.
7. Alles zu einem homogenen Teig verrühren.
8. Den Teig in die Form geben, glatt streichen und etwa 45 Minuten backen.
9. Die Brownies auskühlen lassen und mit geschmolzener Schokolade verzieren.

TIPP

Für das Chai-Gewürz vermischst du 2 TL gemahlenen Zimt, 1 TL gemahlenen Kardamom, 1 TL gemahlenen Ingwer, ¼ TL gemahlenen Muskat, ¼ TL gemahlenen schwarzen Pfeffer und ¼ TL gemahlene Nelken. In einem verschlossenen Glas hält sich das Gewürz etwa 6 Monate.

CHAI-MUFFINS

10

Für 8 Stück
Vorbereitung: 10 Minuten
Backzeit: 20 Minuten

Zutaten

180 ml Sojamilch
1 EL Apfelessig
120 g Hafermehl
40 g gemahlene Haselnüsse
60 g Dattelzucker
1 TL Backpulver
1 TL Natron
1 TL Chai-Gewürz (siehe Tipp)
1 Prise Salz
60 g Haselnussmus
160 g Apfelmus

Weiteres

Cashew-Mascarpone (siehe Seite 49)

Zubereitung

1. Den Backofen auf 180 Grad vorheizen und ein Muffinblech mit 8 Papierförmchen auslegen.
2. Sojamilch und Apfelessig verrühren und einige Minuten stehen lassen, bis die Sojamilch gerinnt.
3. Hafermehl, Haselnüsse, Dattelzucker, Backpulver, Natron, Chai-Gewürz und Salz in einer Schüssel vermischen.
4. Die geronnene Sojamilch mit Haselnuss- und Apfelmus vermengen und zu den trockenen Zutaten geben.
5. Alles zu einem homogenen Teig verrühren.
6. In jede Muffinform 2–3 EL Teig geben und etwa 20 Minuten backen.
7. Die Muffins vollständig auskühlen lassen und mit Cashewcreme verzieren.

TIPP

Für das Pumpkin-Spice-Gewürz vermischt du 4 TL gemahlenen Ceylon-Zimt mit 2 TL gemahlenem Ingwer, 1 TL gemahlenen Nelken und ½ TL gemahlenem Muskat. In einem verschlossenen Glas hält sich die Gewürzmischung ungefähr 6 Monate.

KÜRBISMUFFINS

10

Für 8 Stück
Vorbereitung: 10 Minuten
Backzeit: etwa 25 Minuten

Zutaten

2 EL Chiasamen
6 EL Wasser
180 ml Sojamilch
1 EL Zitronensaft
50 g Kokosöl
1 TL Vanilleextrakt
250 g Kürbispüree
50 g Mandelmus
200 g Hafermehl
50 g Mandelmehl
130 g Vollrohrzucker
2 TL Backpulver
2 TL Natron
2 TL Pumpkin-Spice-Gewürz (siehe Tipp)
1 Prise Salz

Zubereitung

1. Den Backofen auf 180 Grad vorheizen und ein Muffinblech mit 8 Papierförmchen auslegen.
2. Chiasamen und Wasser verrühren und etwa 5 Minuten quellen lassen.
3. Die Sojamilch mit Zitronensaft verrühren und so lange stehen lassen, bis sie gerinnt.
4. Das Kokosöl in einem kleinen Topf bei mittlerer Hitze schmelzen lassen und mit geronnener Sojamilch, Vanilleextrakt, Kürbispüree und Mandelmus vermengen.
5. In einer Schüssel Hafer- und Mandelmehl, Vollrohrzucker, Backpulver, Natron, Pumpkin-Spice-Gewürz und Salz vermischen.
6. Den gequollenen Chiasamen und die Kokosöl-Kürbis-Mischung dazugeben und alles zu einem homogenen Teig verrühren.
7. Den Teig in die Muffinförmchen füllen und im Backofen etwa 20–25 Minuten backen.

TIPP

Du kannst den Teig auch auf ein kleines, mit Backpapier ausgelegtes Backblech geben und backen. Auf diese Weise erhältst du leckere Schokoschnitten!

SCHOKOMUFFINS

Für 8 Stück
Vorbereitung: 10 Minuten
Backzeit: 20 Minuten

Zutaten

120 g Hafermehl
50 g gemahlene Haselnüsse
70 g Dattelzucker
50 g Kakaopulver
1 TL Backpulver
1 EL Maisstärke
½ TL Natron
1 Prise Salz
200 ml Hafermilch
120 g Apfelmus
70 g Haselnussmus
1 EL Apfelessig
½ TL Vanilleextrakt
100 g Schokodrops

Zubereitung

1. Den Backofen auf 180 Grad vorheizen und ein Muffinblech mit 8 Papierförmchen auslegen.
2. Hafermehl, Haselnüsse, Dattelzucker, Kakao, Backpulver, Maisstärke, Natron und Salz in einer Schüssel vermischen.
3. Hafermilch, Apfelmus, Haselnussmus, Apfelessig und Vanilleextrakt dazugeben und alles gut verrühren.
4. Die Schokodrops zufügen und unterheben.
5. Den Teig in die Muffinförmchen füllen und etwa 20 Minuten backen.
6. Herausnehmen und vollständig auskühlen lassen.

KAROTTENMUFFINS

10

Für 8 Stück
Vorbereitung: 10 Minuten
Backzeit: 20–25 Minuten

Zutaten

2 EL geschroteter Leinsamen
6 EL Wasser
100 g Hafermehl
80 g gemahlene Mandeln
2 EL Maisstärke
80 g Reismehl
1 TL Backpulver
1 TL Natron
1 Prise Salz
180 g Karotten
60 g Apfelmus
250 ml Sojamilch
1 EL Apfelessig
1 EL flüssiges Kokosöl
60 g Agavensirup

Weiteres

Cashew-Mascarpone
(siehe Seite 49)

Zubereitung

1. Den Backofen auf 180 Grad vorheizen und ein Muffinblech mit 8 Papierförmchen auslegen.
2. Leinsamen und Wasser verrühren und einige Minuten quellen lassen.
3. Hafermehl, Mandeln, Maisstärke, Reismehl, Backpulver, Natron und Salz in einer Schüssel vermischen.
4. Die Karotten mit einer Reibe fein raspeln.
5. Zusammen mit gequollenen Leinsamen, Apfelmus, Sojamilch, Apfelessig, Kokosöl und Agavensirup zu den trockenen Zutaten geben und alles zu einem homogenen Teig verrühren.
6. Den Teig auf die Muffinförmchen verteilen und etwa 20–25 Minuten backen.
7. Die Muffins auskühlen lassen und mit Cashew-Mascarpone verzieren.

PRALINEN

DATTEL-TAHINI-PRALINEN 117
MANDEL-ZIMT-PRALINEN 119
SCHOKO-NUSS-PRALINEN 121
KOKOSPRALINEN 123
HAFER-MANDEL-PRALINEN 125
MATCHA-PRALINEN 127
ZARTBITTER-PRALINEN 129
KOKOS-CRANBERRY-PRALINEN 131
PISTAZIEN-MAULBEER-PRALINEN 133
BROWNIE-KUGELN 135
COOKIE-DOUGH-KUGELN 137
SCHOKO-ERDNUSS-DATTELN 139

TIPP

Wenn die Masse zu trocken ist, kannst du noch eine Dattel oder etwas Wasser dazugeben. Ist sie zu feucht, fügst du einfach noch ein paar Cashewkerne oder Kokosflocken zu.

DATTEL-TAHINI-PRALINEN

15

Für 15 Stück
Vorbereitung: 15 Minuten
Kühlzeit: 1 Stunde

Zutaten

70 g Cashewkerne
280 g Medjool-Datteln (ohne Stein)
3 EL Tahini (Sesammus)
20 g Kokosraspeln
3 EL Sesam
½ TL gemahlene Vanille
1 Prise Salz
1 Prise Kardamom

Weiteres

4 EL heller Sesam

Zubereitung

1. Alle Zutaten in eine Küchenmaschine geben und so lange mixen, bis alles gut miteinander vermengt ist. Dabei die Masse mit einem Spatel immer wieder von den Rändern nach unten schieben.
2. Den Sesam in einer Pfanne ohne Fett anrösten und auf einen Teller geben. Auskühlen lassen.
3. Von der Dattel-Tahini-Masse jeweils etwa 1–2 TL abstechen und mit angefeuchteten Händen zu kleinen Kugeln formen.
4. Die Kugeln im gerösteten Sesam wälzen, auf Backpapier legen und im Kühlschrank etwa 1 Stunde fest werden lassen.

TIPP

Statt Dattelsirup kannst du auch jedes andere flüssige Süßungsmittel deiner Wahl verwenden, z. B. Ahornsirup, Agavendicksaft oder Reissirup.

MANDEL-ZIMT-PRALINEN

15

Für 20 Stück
Vorbereitung: 15 Minuten
Kühlzeit: 30 Minuten

Zutaten

2 EL Kokosöl
140 g Mandelmus
2 EL Dattelsirup
180 g gemahlene Mandeln
½ TL Zimt
½ TL Vanille
1 Prise Salz

Weiteres

3 EL Kokosblütenzucker
1 EL Zimt

Zubereitung

1. Das Kokosöl in einem Topf auf kleiner Flamme schmelzen lassen.
2. Den Topf vom Herd nehmen und die restlichen Zutaten gut unterrühren.
3. Von der Masse jeweils etwa 1–2 TL abstechen und mit angefeuchteten Händen zu kleinen Kugeln formen.
4. Kokosblütenzucker mit Zimt vermischen und die Kugeln darin wälzen.
5. Auf Backpapier legen und etwa 30 Minuten im Kühlschrank fest werden lassen.

TIPP

Du kannst die Sojasahne auch durch Kokosmilch, d. h. durch den festen oberen Teil, ersetzen. Allerdings musst du die Kokosmilch vor der Verwendung mindestens eine Nacht kühl stellen.

SCHOKO-NUSS-PRALINEN

15

Für 15 Stück
Vorbereitung: 15 Minuten
Kühlzeit: 1½ Stunden

Zutaten

80 g Zartbitterschokolade
80 ml Sojasahne
90 g Haselnussmus
1 EL Agavensirup
1 TL Zimt
1 Prise Salz
15 ganze Haselnüsse

Weiteres

50 g gehackte Haselnüsse
100 g geschmolzene Zartbitterschokolade

Zubereitung

1. Die Schokolade klein hacken und in eine hitzebeständige Schüssel geben.
2. Die Sojasahne aufkochen und über die Schokolade gießen.
3. Wenn die Schokolade geschmolzen ist, Haselnussmus, Agavensirup, Zimt und Salz dazugeben und alles zu einer homogenen Masse verrühren.
4. Die Masse etwa 30 Minuten im Kühlschrank fest werden lassen, damit sie sich gut formen lässt.
5. Von der Schoko-Nuss-Masse jeweils etwa 1–2 TL abstechen und mit angefeuchteten Händen zu kleinen Kugeln formen.
6. In jede Kugel eine ganze Haselnuss drücken. Die Kugeln in den gehackten Haselnüssen wälzen und in die geschmolzene Schokolade tauchen.
7. Auf Backpapier legen und etwa 1 Stunde kühl stellen.

KOKOSPRALINEN

Für 20 Stück
Vorbereitung: 15 Minuten
Kühlzeit: 1 Stunde

Zutaten

35 g Kokosöl
65 g Kokosmus
20 g weißes Mandelmus
25 g Ahornsirup
20 g Kokosraspeln
20 blanchierte Mandeln

Weiteres

4 EL Kokosraspeln

Zubereitung

1. Das Kokosöl in einem kleinen Topf bei niedriger Hitze schmelzen. Kokosmus zufügen und ebenfalls schmelzen lassen.
2. Mandelmus, Ahornsirup und Kokosflocken dazugeben und alles gut verrühren.
3. Die Masse etwa 30 Minuten in den Kühlschrank stellen, bis sie fest und formbar ist.
4. Von der Masse jeweils etwa 1–2 TL abstechen und mit angefeuchteten Händen zu kleinen Kugeln formen.
5. In jede Kugel eine Mandel drücken und in den Kokosflocken wälzen.
6. Auf Backpapier legen und etwa 1 Stunde kühl stellen.

HAFER-MANDEL-PRALINEN

15

Für 18 Stück
Vorbereitung: 15 Minuten
Kühlzeit: 30 Minuten

Zutaten

200 g Medjool-Datteln (ohne Stein)
200 g Mandeln
100 g getrocknete Feigen
2 EL Mandelmus
70 g Haferflocken
1 EL Kakaopulver
½ TL Chai-Gewürz (siehe Tipp Seite 106)
1 Prise Salz

Zubereitung

1. Alle Zutaten in einer Küchenmaschine so lange mixen, bis eine homogene Masse entstanden ist. Dabei die Masse mit einem Spatel immer wieder an den Rändern nach unten schieben.
2. Von der Masse jeweils etwa 1–2 TL abnehmen und mit angefeuchteten Händen zu kleinen Kugeln formen.
3. Die Kugeln auf Backpapier legen und fest werden lassen.

TIPP

Wenn die Masse zu trocken ist, kannst du noch eine Dattel oder etwas Wasser dazugeben. Ist sie zu feucht, fügst du einfach noch ein paar Haferflocken zu. Du kannst die fertigen Kugeln auch in Kokosflocken, Sesam oder Kakaopulver wälzen.

TIPP

Matcha sollte man immer im Reformhaus oder in einem Teeladen kaufen, um sicherzustellen, dass man **hochwertigen** Matcha erhält. Wenn die Masse zu fest ist, füge einfach etwas Wasser hinzu. Ist sie zu flüssig, kannst du etwas Mandelmehl einrühren.

MATCHA-PRALINEN

15

Für 15 Stück
Vorbereitung: 15 Minuten
Kühlzeit: 1 Stunde

Zutaten

150 g Mandelmehl
50 g Kokosraspeln
1 TL Matcha
1 Prise Salz
150 g Cashewmus
80 g Agavensirup
1 TL gemahlene Vanille
1 Biolimette, Schale abgerieben

Weiteres

2 EL getrocknete und pulverisierte Himbeeren
2 EL Matcha

Zubereitung

1. Mandelmehl, Kokosflocken, Matcha, Salz, Cashewmus, Agavensirup, Vanille und Limettenschale in eine Schüssel geben und so lange verrühren, bis die Masse gut zusammenklebt.
2. Von der Masse jeweils etwa 1–2 TL abstechen und mit angefeuchteten Händen zu kleinen Kugeln formen.
3. Die getrockneten Himbeeren in der Küchenmaschine fein mahlen.
4. Die Kugeln in Himbeerpulver und Matcha wälzen, auf Backpapier legen und mindestens 1 Stunde kühl stellen.

TIPP

Du kannst die Pralinen nach Belieben abwandeln, indem du gehackte Nüsse, Kerne und Samen oder Trockenfrüchte dazugibst.

ZARTBITTER-PRALINEN

15

Für 15 Stück
Vorbereitung: 15 Minuten
Kühlzeit: 30 Minuten

Zutaten

40 g Bitterschokolade
120 g Erdnussmus
30 g Kakaopulver
20 g Kokosraspeln
40 g Dattelsirup

Weiteres

Kakaopulver

Zubereitung

1. Die Schokolade in kleine Stücke brechen und über dem Wasserbad schmelzen lassen.
2. Erdnussmus, Kakaopulver, Kokosraspeln und Dattelzucker dazugeben und alles zu einer homogenen Masse verrühren.
3. Die Masse mindestens 15 Minuten in den Kühlschrank stellen, bis sie formbar ist.
4. Aus der Masse kleine Kugeln formen und in Kakao wälzen.
5. Die fertigen Kugeln auf Backpapier legen und mindestens 30 Minuten kühl stellen.

TIPP

Verwende für eine nussfreie Version Kerne, Samen oder Getreide, z. B. Sonnenblumenkerne, Kürbiskerne, Haferflocken, Sesam. Du kannst die Dattelpaste natürlich auch fertig kaufen. Falls die Masse zu trocken ist, kannst du noch etwas Dattelpaste dazugeben; ist sie zu weich, fügst du einfach noch ein paar Mandeln oder Cashewkerne hinzu.

KOKOS-CRANBERRY-PRALINEN

15

Für 15 Stück
Vorbereitung: 15 Minuten
Kühlzeit: 1 Stunde

Zutaten

20 g Mandeln
50 g Cashewkerne
30 g Kokosraspeln
100 g getrocknete Cranberrys
1 TL flüssiges Kokosöl
20 g Dattelpaste
1 EL Zitronensaft
1 Zitrone, Schale abgerieben
½ TL gemahlene Vanille

Weiteres

Kokosraspeln

Zubereitung

1. Mandeln, Cashewkerne und Kokosflocken in eine Küchenmaschine geben und grob zerkleinern.
2. Cranberrys, Kokosöl, Dattelpaste, Zitronensaft und -schale sowie Vanille dazugeben und so lange mixen, bis die Zutaten gut miteinander vermengt sind und die Masse leicht zusammenklebt.
3. Von der Masse jeweils 1–2 TL abnehmen und mit angefeuchteten Händen zu Kugeln formen.
4. Die Kugeln in Kokosraspeln wälzen, auf Backpapier legen und etwa 1 Stunde kühl stellen.

PISTAZIEN-MAULBEER-PRALINEN

15

Für 15 Stück
Vorbereitung: 15 Minuten
Kühlzeit: 1 Stunde

Zutaten

100 g Pistazien
150 g Cashewkerne
200 g Medjool-Datteln (ohne Stein)
100 g getrocknete Maulbeeren

Weiteres

4 EL gehackte Pistazien

Zubereitung

1. Pistazien, Cashewkerne, Datteln und Maulbeeren in eine Küchenmaschine geben und so lange pürieren, bis eine homogene Masse entstanden ist.
2. Von der Masse jeweils etwa 1–2 TL abnehmen und mit angefeuchteten Händen zu Kugeln formen.
3. Die Kugeln in den gehackten Pistazien wälzen, auf Backpapier legen und etwa 1 Stunde kühl stellen.

TIPP

Du kannst die Mengen im Rezept verdoppeln und die Kugeln, verpackt in Gefrierbeutel, einfrieren. Vor dem Servieren musst du sie etwa 30 Minuten auftauen lassen. Wenn du die Pralinen lieber etwas stückiger magst, kannst du die Pistazien, Cashewkerne und Maulbeeren einfach klein hacken und unter die mit etwas Wasser pürierten Datteln rühren.

BROWNIE-KUGELN

15

Für 15 Stück
Vorbereitung: 15 Minuten
Kühlzeit: 1 Stunde

Zutaten

150 g Walnüsse
25 g Kakaopulver
90 g Medjool-Datteln (ohne Stein)
1 Prise Salz

Weiteres

Kakaopulver

TIPP

Du kannst die Masse noch mit Zimt, Lebkuchengewürz oder Vanille würzen.

Zubereitung

1. Die Walnüsse in einer Küchenmaschine fein zerkleinern.
2. Kakao und Datteln dazugeben und so lange pürieren, bis eine einheitliche Masse entstanden ist. Je länger alles gemixt wird, desto kompakter wird die Masse.
3. Von der Masse jeweils 1–2 TL abnehmen und mit angefeuchteten Händen zu Kugeln formen.
4. Die Brownie-Kugeln in Kakao wälzen, auf Backpapier legen und etwa 1 Stunde kühl stellen.

COOKIE-DOUGH-KUGELN

15

Für 15 Stück
Vorbereitung: 15 Minuten
Kühlzeit: 1 Stunde

Zutaten

275 g Kichererbsen (Dose)
60 g Erdnussmus
½ TL gemahlene Vanille
60 g Kokosblütenzucker
20 g Kokosmehl
1 Prise Salz
40 g Schokodrops

TIPP

Du kannst die Reste etwa 1 Woche im Kühlschrank aufbewahren. Dazu schmeckt eine Kugel Vanilleeis hervorragend.

Zubereitung

1. Die Kichererbsen in ein Sieb geben und gründlich unter kaltem Wasser abspülen.
2. Zusammen mit Erdnussmus und Vanille in der Küchenmaschine pürieren.
3. Kokosblütenzucker, Kokosmehl und Salz dazugeben und so lange weitermixen, bis eine homogene Masse entstanden ist.
4. Die Schokodrops unter die Masse rühren und mit den Händen daraus kleine Kugeln formen.
5. Etwa 1 Stunde im Kühlschrank ruhen lassen.

SCHOKO-ERDNUSS-DATTELN

10

Für 20 Stück
Vorbereitung: 10 Minuten
Kühlzeit: 30 Minuten

Zutaten

20 Medjool-Datteln
100 g Erdnussmus
100 g Zartbitterschokolade

Weiteres

1 TL Meersalz
50 g Kakaonibs

Zubereitung

1. Die Zartbitterschokolade zerkleinern und über dem Wasserbad schmelzen lassen.
2. Die Medjool-Datteln entsteinen und mit je 1 TL Erdnussmus füllen.
3. Die Dattel wieder leicht zusammendrücken, in die geschmolzene Schokolade tauchen und auf Backpapier legen.
4. Mit Meersalz und Kakaonibs garnieren und im Kühlschrank fest werden lassen.

TIPP

Du kannst die Datteln auch mit anderem Nuss- oder Mandelmus, Karamell, Joghurt oder Frischkäse füllen. Lass deiner Fantasie freien Lauf!

RIEGEL

DATTELRIEGEL 143
HIMBEER-KOKOS-RIEGEL 145
TAHINI-HAFER-RIEGEL 147
CASHEW-HEIDELBEER-RIEGEL 149
PISTAZIEN-KARAMELL-RIEGEL 151
HAFER-HIMBEER-RIEGEL 153
QUINOA-NUSS-RIEGEL 155
HANF-KAFFEE-RIEGEL 157
ENERGIERIEGEL 159
KOKOSRIEGEL 161
AMARANTH-KÜRBIS-RIEGEL 163
ERDNUSSRIEGEL 165

TIPP

Du kannst auch eine Silikonform verwenden.

HIMBEER-KOKOS-RIEGEL

15

Für 15 Stück
Vorbereitung: 15 Minuten
Kühlzeit: 30 Minuten

Für den Boden

80 g Mandeln
50 g Kokosraspeln
120 g Medjool-Datteln (ohne Stein)
1 TL flüssiges Kokosöl
1 Prise Salz

Für den Belag

35 g flüssiges Kokosöl
65 g Kokosmus
20 g weißes Mandelmus
25 g Ahornsirup
20 g Kokosraspeln

Weiteres

4 EL Himbeer-Chia-Marmelade (siehe Seite 47)
150 g Zartbitterschokolade
1 TL flüssiges Kokosöl

Zubereitung

1. Eine Backform (15 x 15 cm) mit Backpapier auskleiden.
2. Mandeln, Kokosflocken, Datteln, Kokosöl und Salz in der Küchenmaschine so lange pürieren, bis eine homogene Masse entstanden ist.
3. Die Masse gleichmäßig in der Form verteilen und andrücken. Bis zur weiteren Verwendung kühl stellen.
4. Kokosöl und -mus in eine Schüssel geben und über dem Wasserbad schmelzen lassen.
5. Mandelmus, Ahornsirup und Kokosflocken dazugeben und alles gut verrühren.
6. Die Kokoscreme auf dem Boden verteilen und etwa 30 Minuten kühl stellen.
7. Die Himbeer-Chia-Marmelade vorsichtig auf der Kokoscreme verstreichen und die Form erneut kühl stellen.
8. Inzwischen die Zartbitterschokolade klein hacken und über dem Wasserbad schmelzen lassen. Das Kokosöl unterrühren.
9. Die geschmolzene Schokolade auf die Himbeercreme geben und im Kühlschrank fest werden lassen.
10. Aus der Form nehmen und in Stücke schneiden.

TIPP

Du kannst auch eine Silikonform verwenden.

TAHINI-HAFER-RIEGEL

15

Für 6 Stück
Vorbereitung: 15 Minuten
Kühlzeit: 1 Stunde

Zutaten

120 g Haferflocken
80 g Hafermehl
40 g Sesam
½ TL gemahlener Kardamom
1 Prise Salz
120 ml flüssiges Kokosöl
2 EL Agavensirup
30 g Tahini (Sesammus)

Weiteres

140 g Zartbitterschokolade
120 g Tahini (Sesammus)
2 EL Agavensirup

Zubereitung

1. Eine Backform (15 x 15 cm) mit Backpapier auskleiden.
2. Haferflocken, Hafermehl, Sesam, Kardamom, Salz, Kokosöl, Agavensirup und Tahini in der Küchenmaschine so lange zerkleinern, bis eine homogene Masse entstanden ist, die zwischen den Fingern leicht zusammenklebt.
3. Die Masse gleichmäßig in der Form verteilen und andrücken. Bis zur Weiterverarbeitung kühl stellen.
4. Die Zartbitterschokolade klein hacken und über dem Wasserbad schmelzen lassen.
5. Tahini und Agavensirup dazugeben und so lange rühren, bis alles gut vermengt ist.
6. Die Schokoladen-Tahini-Mischung auf den Boden gießen und etwa 1 Stunde im Kühlschrank fest werden lassen.
7. Aus der Form nehmen und in Stücke schneiden.

TIPP

Du kannst auch eine Silikonform verwenden. Die Riegel werden noch knuspriger, wenn du die Haselnüsse und den Amaranth im Backofen goldbraun röstest.

CASHEW-HEIDELBEER-RIEGEL

15

Für 6 Stück
Vorbereitung: 15 Minuten
Kühlzeit: 4 Stunden

Für den Boden

40 g Haselnüsse
30 g gepuffter Amaranth
1 EL Kokosöl
100 g Medjool-Datteln (ohne Stein)
30 g Walnüsse

Für die Heidelbeercreme

2 EL flüssiges Kokosöl
110 g Heidelbeeren
160 g Cashewmus
1 EL Zitronensaft
3 Tropfen Zitronenaroma

Weiteres

Gewürzblüten (aus dem Bioladen)

Zubereitung

1. Eine Backform (15 x 15 cm) mit Backpapier auskleiden.
2. Haselnüsse, Amaranth, Kokosöl, Datteln und Walnüsse im Food-Processor so lange zerkleinern, bis eine homogene Masse entstanden ist.
3. Die Masse gleichmäßig in der Form verteilen und andrücken. Bis zur Weiterverwendung kühl stellen.
4. Kokosöl, Heidelbeeren, Cashewmus, Zitronensaft und Zitronenaroma in der Küchenmaschine zu einer homogenen Creme mixen.
5. Die Creme auf dem Boden verteilen und mit Gewürzblüten bestreuen.
6. Im Kühlschrank mindestens 4 Stunden fest werden lassen.

TIPP

Die Kokosmilch solltest du über Nacht in den Kühlschrank stellen, damit sie gut gekühlt ist und sich die festen Bestandteile an der Oberfläche absetzen. Du kannst die Kokoscreme auch weglassen oder eine andere Creme verwenden. Statt der Backform kannst du eine Silikonform verwenden.

PISTAZIEN-KARAMELL-RIEGEL

15

Für 8 Stück
Vorbereitung: 15 Minuten
Kühlzeit: 1 Stunde

Für den Boden

70 g Haferflocken
120 g Mandelmehl
2 EL Mandelmus
70 g Medjool-Datteln (ohne Stein)
1 EL Mandelmilch
½ TL gemahlene Vanille

Für den Belag

100 g sehr kalte Kokosmilch (Dose)
100 g Medjool-Datteln (ohne Stein)
40 g Pistazienmus
1 Prise Salz

Weiteres

100 g Kokospralinenmasse (siehe Seite 123)
100 g Zartbitterschokolade
1 TL Kokosöl
Kakaonibs

Zubereitung

1. Eine Backform (15 x 15 cm) mit Backpapier auskleiden.
2. Haferflocken, Mandelmehl, Mandelmus, Datteln, Mandelmilch und Vanille in der Küchenmaschine so lange zerkleinern, bis eine homogene Masse entstanden ist.
3. Die Masse gleichmäßig in der Form verteilen und andrücken. Bis zur Weiterverarbeitung kühl stellen.
4. Den festen oberen Teil der Kokosmilch abschöpfen und zusammen mit Datteln, Pistazienmus und Salz in der Küchenmaschine fein pürieren.
5. Das Karamell gleichmäßig auf dem Boden verteilen und etwa 30 Minuten kalt stellen.
6. Inzwischen die Zartbitterschokolade klein hacken, über dem Wasserbad schmelzen lassen und das Kokosöl unterrühren.
7. Die geschmolzene Schokolade auf das Pistazienkaramell geben und mit Kakaonibs verzieren.
8. Die Pistazien-Karamell-Riegel im Kühlschrank fest werden lassen, aus der Form nehmen und in Stücke schneiden.

TIPP

Du kannst auch eine Silikonform verwenden.

HAFER-HIMBEER-RIEGEL

15

Für 6 Stück
Vorbereitung: 15 Minuten
Kühlzeit: 2 Stunden

Für den Boden

110 g Haferflocken
180 g Mandeln
50 g Cashewkerne
80 ml flüssiges Kokosöl
4 EL Ahornsirup
1 Prise Salz

Für die Himbeercreme

250 g Himbeeren, tief gekühlt
2 EL Cashewmus
2 EL Kokosmus
1 TL gemahlene Vanille

Weiteres

2 EL Kakaobutter
4 EL Kokosmus
4 EL geröstete Kokos-Chips

Zubereitung

1. Eine Backform (15 x 15 cm) mit Backpapier auskleiden.
2. Haferflocken, Mandeln, Cashewkerne, Kokosöl, Ahornsirup und Salz in der Küchenmaschine so lange zerkleinern, bis eine homogene Masse entstanden ist.
3. Die Masse gleichmäßig in der Form verteilen und andrücken. Bis zur Weiterverarbeitung kühl stellen.
4. Die Himbeeren etwas auftauen lassen und zusammen mit Cashew- und Kokosmus sowie Vanille in der Küchenmaschine fein pürieren.
5. Die Himbeercreme gleichmäßig auf dem Boden verstreichen und die Form etwa 30 Minuten kalt stellen.
6. Kakaobutter und Kokosmus über dem Wasserbad schmelzen lassen und auf die kalte Himbeercreme geben. Gleichmäßig verstreichen und mit gerösteten Kokos-Chips verzieren.
7. Etwa 1 Stunde kühl stellen, aus der Form nehmen und in Stücke schneiden.

TIPP

Noch knuspriger und aromatischer werden die Riegel, wenn du Quinoa und Walnüsse im Backofen goldbraun röstest.

QUINOA-NUSS-RIEGEL

15

Für 6 Stück
Vorbereitung: 15 Minuten
Kühlzeit: 30 Minuten

Zutaten

4 EL gepuffte Quinoa
2 EL gemahlene Walnüsse
1 EL flüssiges Kokosöl
½ TL Zimt
120 g Medjool-Datteln (ohne Stein)
3 EL weißes Mandelmus

Weiteres

geschmolzene Schokolade

Zubereitung

1. Quinoa, Walnüsse, Kokosöl und Zimt miteinander verrühren.
2. Die Datteln klein hacken und zusammen mit dem Mandelmus zur Quinoa-Walnuss-Mischung geben. Alles gut vermengen.
3. Von der Masse jeweils etwa 1–2 EL abnehmen und mit angefeuchteten Händen zu Riegeln formen.
4. Die Riegel auf Backpapier legen und etwa 30 Minuten kühl stellen.
5. Mit geschmolzener Schokolade verzieren und fest werden lassen.

TIPP

Du kannst auch eine Silikonform verwenden. Die Kaffeecreme kannst du durch Bananen-, Dattel- oder Kichererbsenkaramell ersetzen.

HANF-KAFFEE-RIEGEL

15

Für 12 Stück
Vorbereitung: 15 Minuten
Kühlzeit: 1 Stunde

Für den Boden

440 g Medjool-Datteln (ohne Stein)
140 g Hanfsamen
110 g Walnüsse
35 g Kakaopulver
1 Prise Salz
1 TL gemahlene Vanille
2 EL Wasser

Für die Kaffeecreme

4 EL Dattelkaramell (siehe Seite 165)
1 Espresso

Zubereitung

1. Eine Backform (20 x 20 cm) mit Backpapier auskleiden.
2. Datteln, Hanfsamen, Walnüsse, Kakao, Salz, Vanille und Wasser in der Küchenmaschine so lange zerkleinern, bis eine homogene Masse entstanden ist.
3. Die Masse gleichmäßig in der Form verteilen und andrücken.
4. Dattelkaramell mit Espresso verrühren und auf dem Boden verstreichen.
5. Etwa 1 Stunde kühl stellen, aus der Form nehmen und in Stücke schneiden.

ENERGIERIEGEL

15

Für 10 Stück
Vorbereitung: 15 Minuten
Kühlzeit: 30 Minuten

Für den Boden

150 g Cashewkerne
50 g Haferflocken
100 g Medjool-Datteln (ohne Stein)
50 ml flüssiges Kokosöl

Für die Dattelcreme

350 g Medjool-Datteln (ohne Stein)
125 ml Mandelmilch
25 g Agavensirup
150 ml flüssiges Kokosöl
1 TL gemahlene Vanille

Für die Kakaocreme

150 ml flüssiges Kokosöl
5 EL Kakaopulver
2 TL Agavensirup

Weiteres

Meersalz

Zubereitung

1. Eine Backform (20 x 20 cm) mit Backpapier auskleiden.
2. Cashewkerne, Haferflocken, Datteln und Kokosöl in der Küchenmaschine so lange zerkleinern, bis eine homogene Masse entstanden ist.
3. Die Masse gleichmäßig in der Form verteilen und kühl stellen.
4. Datteln, Mandelmilch, Agavensirup, Kokosöl und Vanille in der Küchenmaschine fein pürieren und auf dem Boden verstreichen. Erneut etwa 30 Minuten kühl stellen.
5. Inzwischen das Kokosöl über dem Wasserbad schmelzen lassen. Kakao und Agavensirup unterrühren.
6. Die Kakaocreme auf die Dattelcreme geben, mit Meersalz garnieren und noch einmal etwa 30 Minuten kühl stellen.
7. Aus der Form nehmen und in Stücke schneiden.

KOKOSRIEGEL

15

Für 12 Stück
Vorbereitung: 15 Minuten
Kühlzeit: 40 Minuten

Zutaten

150 g kalte Kokosmilch (Dose)
10 ml flüssiges Kokosöl
150 g Kokosraspeln
40 g Agavensirup

Weiteres

100 g Zartbitterschokolade

Zubereitung

1. Den oberen Teil der Kokosmilch abschöpfen und zusammen mit Kokosöl, Kokosraspeln und Agavensirup in der Küchenmaschine so lange zerkleinern, bis eine homogene Masse entstanden ist.
2. Die Masse gleichmäßig in eine Silikonform für Riegel drücken oder mit angefeuchteten Händen zu Riegeln formen. (Achtung: Die Riegel dürfen nicht auseinanderfallen!)
3. Etwa 30 Minuten im Gefrierschrank gefrieren lassen.
4. Inzwischen die Zartbitterschokolade zerkleinern, über dem Wasserbad schmelzen und etwas abkühlen lassen.
5. Die Riegel aus der Form drücken und mithilfe einer Gabel in die geschmolzene Schokolade tauchen.
6. Auf Backpapier legen mit Kokosflocken verzieren und die Schokolade fest werden lassen.

TIPP

Die Kokosmilch muss wirklich sehr kalt sein. Am besten stellst du sie über Nacht in den Kühlschrank.

AMARANTH-KÜRBIS-RIEGEL

15

Für 10 Stück
Vorbereitung: 15 Minuten
Kühlzeit: 30 Minuten

Zutaten

120 g Cranberrys
100 g gepuffter Amaranth
200 g Kürbiskerne
60 ml flüssiges Kokosöl
100 g Ahornsirup
1 TL gemahlene Vanille

Zubereitung

1. Eine Backform (15 x 15 cm) mit Backpapier auskleiden.
2. Die Cranberrys klein hacken und mit Amaranth und Kürbiskernen in eine Schüssel geben.
3. Das Kokosöl in einem kleinen Topf bei niedriger Hitze schmelzen lassen. Ahornsirup und Vanille unterrühren.
4. Die Kokosöl-Mischung zu den trockenen Zutaten geben und alles gut vermengen.
5. Die Masse gleichmäßig in der Form verteilen und etwa 30 Minuten kühl stellen.
6. Aus der Form nehmen und in gleich große Riegel schneiden.

TIPP

Knuspriger und aromatischer werden die Riegel, wenn du die Kürbiskerne und den Amaranth im Backofen goldbraun röstest. Du kannst auch noch Schokodrops unter die Masse mischen.

TIPP

Du kannst auch eine Silikonform verwenden.

ERDNUSSRIEGEL

15

Für 12 Stück
Vorbereitung: 15 Minuten
Kühlzeit: 30 Minuten

Für den Boden

100 g Haferflocken
50 g Cashewkerne
50 g Kokosmehl
2 EL Dattelsirup
1 EL Erdnussmus
1 Prise Salz
3 EL Wasser

Für das Dattelkaramell

180 g Dattelpaste
2 EL Erdnussmus
3 EL Wasser
1 Prise Salz

Weiteres

50 g geröstete Erdnüsse
150 g Zartbitterschokolade

Zubereitung

1. Eine Backform (20 x 20 cm) mit Backpapier auskleiden.
2. Haferflocken, Cashewkerne, Kokosmehl, Dattelsirup, Erdnussmus, Salz und Wasser in der Küchenmaschine so lange zerkleinern, bis eine homogene Masse entstanden ist, die leicht zusammenklebt.
3. Die Masse gleichmäßig in der Form verteilen und andrücken. Bis zur Weiterverwendung kühl stellen.
4. Dattelpaste, Erdnussmus, Wasser und Salz in der Küchenmaschine mixen und auf dem Boden verteilen.
5. Die gerösteten Erdnüsse darüberstreuen und die Form etwa 30 Minuten ins Gefrierfach stellen.
6. Inzwischen die Schokolade zerkleinern, über dem Wasserbad schmelzen und etwas abkühlen lassen.
7. Die gut gekühlte Masse aus der Form nehmen, in gleich große Riegel schneiden und mithilfe einer Gabel in die Schokolade tauchen.
8. Auf Backpapier legen und die Schokolade fest werden lassen.

DESSERTS

ZARTBITTER-NUSS-TOFFEE 169
KAROTTEN-ERDNUSS-CUPS 171
SCHOKO-HIMBEER-BITES 173
NUSS-KARAMELL-TÖRTCHEN 175
CASHEW-HIMBEER-TÖRTCHEN 177
KOKOSNUSSTÖRTCHEN 179
SCHOKO-LAVA-TÖRTCHEN 181
MANDEL-PANNACOTTA 183
KOKOSMOUSSE MIT ORANGENCREME 185
SCHOKOLADENMOUSSE 187

TIPP

Die Kokosmilch muss wirklich sehr kalt sein. Am besten stellst du sie über Nacht in den Kühlschrank. Du kannst auch eine Silikonform verwenden. Das Zartbitter-Nuss-Toffee hält sich im Kühlschrank 4–5 Tage.

ZARTBITTER-NUSS-TOFFEE

15

Für 1 Form (12 x 12 cm)
Vorbereitung: 15 Minuten
Kühlzeit: 30 Minuten

Zutaten

40 g kalte Kokosmilch (Dose)
150 g Zartbitterschokolade
40 g Haselnussmus
30 g Dattelsirup
½ TL gemahlene Vanille
1 Prise Salz

Weiteres

Kakaopulver

Zubereitung

1. Eine Backform (12 x 12 cm) mit Backpapier auskleiden.
2. Den festen oberen Teil der Kokosmilch abschöpfen und in einem kleinen Topf bei niedriger Hitze schmelzen lassen.
3. Die Zartbitterschokolade zerkleinern und zusammen mit Haselnussmus, Dattelsirup, Vanille und Salz zur Kokosmilch geben.
4. Alles zu einer homogenen, cremigen Masse verrühren.
5. Die Masse in die vorbereitete Form füllen und glatt streichen.
6. Etwa 30 Minuten im Kühlschrank fest werden lassen.
7. Aus der Form nehmen, mit Kakao bestreuen und in kleine Würfel schneiden.

TIPP

Für mehr Aroma kannst du die Erdnüsse vorher etwa 5 Minuten in einer Pfanne ohne Fett anrösten. Du kannst anstelle von Karotten auch Rote Bete verwenden. Das Erdnussmus kannst du durch ein anderes Nussmus, z. B. Mandel- oder Cashewmus, ersetzen.

KAROTTEN-ERDNUSS-CUPS

15

Für 14 Stück
Vorbereitung: 15 Minuten
Kühlzeit: 1 Stunde

Zutaten

60 g Mandeln
20 g Walnüsse
20 g Hanfsamen
220 g Medjool-Datteln (ohne Stein)
1 EL Zimt
1 EL flüssiges Kokosöl
40 g Kokosflocken
30 g geriebene Karotten

Weiteres

150 g Erdnussmus
40 g gehackte Erdnüsse

Zubereitung

1. Mandeln, Walnüsse, Hanfsamen, Datteln, Kokosöl und Zimt im Food-Processor so lange zerkleinern, bis die Masse zusammenklebt.
2. Kokosflocken und geriebene Karotten unterrühren.
3. Die Masse auf kleine Mini-Muffinförmchen verteilen und andrücken. Kühl stellen.
4. Das Erdnussmus mit den Erdnüssen verrühren und die Masse auf den Karottenboden geben.
5. Etwa 1 Stunde kühl stellen.

SCHOKO-HIMBEER-BITES

15

Für 4 Stück
Vorbereitung: 15 Minuten
Kühlzeit: 1 Stunde

Zutaten

50 g Zartbitterschokolade
70 g Mandelmus
4–8 Himbeeren

Zubereitung

1. Die Zartbitterschokolade klein hacken und über dem Wasserbad schmelzen lassen.
2. Das Mandelmus dazugeben und gut verrühren.
3. Die Masse gleichmäßig auf Mini-Muffinförmchen verteilen und 1–2 Himbeeren in die Mitte drücken.
4. Im Kühlschrank etwa 1 Stunde fest werden lassen.

TIPP

Ich liebe die Kombination von Schokolade und Himbeeren. Die Himbeeren kannst du aber auch durch anderes Obst, Nüsse oder getrocknete Früchte ersetzen. Du kannst die Schoko-Himbeer-Bites noch mit Nüssen, Kokosraspeln oder Gewürzblüten bestreuen.

TIPP

Du kannst auch kleine Tarteletteformen aus Silikon verwenden. Die Törtchen lassen sich sehr gut einfrieren.

NUSS-KARAMELL-TÖRTCHEN

15

Für 4 Stück
Vorbereitung: 15 Minuten
Kühlzeit: 4 Stunden

Für den Boden

60 g Haferflocken
40 g Pekannüsse
80 g Medjool-Datteln (ohne Stein)
20 g Kakaopulver
1 Prise Salz
1 Espresso

Für den Belag

100 g Mandelmus
100 ml Dattelsirup
60 ml flüssiges Kokosöl
1 Prise Salz
1 kleine Banane
1 Espresso
½ TL Kaffeegewürz (aus dem Bioladen)

Weiteres

2 EL Mandelmus
30 g Kakaonibs

Zubereitung

1. Haferflocken, Pekannüsse, Datteln, Kakao, Salz und Espresso in der Küchenmaschine so lange zerkleinern, bis eine homogene Masse entstanden ist.
2. Die Masse in die eingefetteten Förmchen geben, andrücken und dabei an den Rändern hochziehen.
3. Mandelmus, Dattelsirup, Kokosöl, Salz, Banane, Espresso und Kaffeegewürz mit dem Mixer cremig aufschlagen.
4. Auf die Böden geben und etwa 4 Stunden kühl stellen.
5. Vor dem Servieren mit Mandelmus und Kakaonibs garnieren.

TIPP

Du kannst natürlich auch Silikonförmchen verwenden. Wenn du die gesamte Masse in eine Springform gibst, kannst du auch eine große Cashew-Himbeer-Torte machen.

CASHEW-HIMBEER-TÖRTCHEN

15

Für 12 Stück
Vorbereitung: 15 Minuten
Kühlzeit: 4 Stunden

Für den Boden

180 g Medjool-Datteln (ohne Stein)
50 g Mandeln
20 g Kürbiskerne
20 g Hanfsamen
1 EL flüssiges Kokosöl
1 Prise Salz

Für den Belag

250 g Cashewkerne
150 ml Hafermilch
60 g weißes Mandelmus
4 EL flüssiges Kokosöl
4 EL Agavensirup
1 TL gemahlene Vanille
½ TL abgeriebene Zitronenschale
20 ml Zitronensaft
1 Prise Salz

Weiteres

4 EL Himbeer-Chia-Marmelade (siehe Seite 47)
12 Himbeeren

Zubereitung

1. Ein Muffinblech mit Papierförmchen auskleiden.
2. Datteln, Mandeln, Kürbiskerne, Hanfsamen, Kokosöl und Salz in der Küchenmaschine so lange zerkleinern, bis eine leicht klebrige, formbare Masse entstanden ist. Je länger die Zutaten gemixt werden, desto feiner wird die Masse.
3. Die Masse in die Muffinförmchen geben, andrücken und kühl stellen.
4. Cashewkerne, Hafermilch, Mandelmus, Kokosöl, Agavensirup, Vanille, Salz, Zitronenschale und -saft in der Küchenmaschine fein pürieren.
5. Die Creme auf die Förmchen verteilen und mindestens 4 Stunden in den Kühlschrank stellen oder 1 Stunde einfrieren.
6. Aus den Förmchen nehmen und mit Himbeer-Chia-Marmelade und Himbeeren garnieren.

TIPP

Du kannst natürlich auch Silikonförmchen verwenden.

KOKOSNUSSTÖRTCHEN

15

Für 8 Stück
Vorbereitung: 15 Minuten
Kühlzeit: 1 Stunde

Für den Boden

100 g Medjool-Datteln (ohne Stein)
30 g Kokosraspeln
20 g Kakaopulver
3 EL Dattelsirup

Für den Belag

90 g Kokosraspeln
60 g Kokosjoghurt
50 g Agavendicksaft
20 ml Zitronensaft
30 ml flüssiges Kokosöl

Weiteres

80 g geschmolzene Zartbitter-schokolade
16 Mokkabohnen

Zubereitung

1. Ein Muffinblech mit 8 Papierförmchen auskleiden.
2. Datteln, Kokosraspeln, Kakao und Dattelsirup in der Küchenmaschine so lange zerkleinern, bis eine homogene Masse entstanden ist.
3. Die Masse in die Förmchen geben, andrücken und kühl stellen.
4. Kokosflocken, -joghurt, Agavendicksaft, Zitronensaft und Kokosöl im Mixer cremig aufschlagen.
5. Auf die Böden geben und mit einem Löffel leicht andrücken.
6. Etwa 1 Stunde kühl stellen.
7. Mit geschmolzener Schokolade und Mokkabohnen garnieren.

TIPP

Am besten schmecken die Schoko-Lava-Törtchen warm. Du kannst sie auch mit etwas Himbeer-Chia-Marmelade oder frischen Früchten servieren.

SCHOKO-LAVA-TÖRTCHEN

10

Für 2 Personen
Vorbereitung: 10 Minuten
Backzeit: 15 Minuten

Zutaten

100 g Hafermehl
50 g gemahlene Mandeln
70 g Kokosblütenzucker
20 g Kakaopulver
1 TL Backpulver
¼ TL Natron
1 Prise Salz
160 ml Hafermilch
80 g Bananen
½ TL Apfelessig
1 TL Vanilleextrakt
40 g Zartbitterschokolade

Weiteres

Kakaopulver

Zubereitung

1. Den Backofen auf 180 Grad vorheizen und zwei feuerfeste Schalen mit etwas Kokosöl einfetten.
2. Hafermehl, Mandeln, Kokosblütenzucker, Kakao, Backpulver, Natron und Salz in einer Schüssel gut vermischen.
3. Hafermilch, Bananen, Apfelessig und Vanille mit dem Stabmixer pürieren und zu den trockenen Zutaten geben.
4. Alles gut miteinander vermengen.
5. Die Masse in die Schälchen füllen und jeweils ein Stück Zartbitterschokolade in die Mitte drücken.
6. Etwa 15 Minuten backen, aus dem Backofen nehmen und etwa 10 Minuten abkühlen lassen.
7. Auf Teller stürzen, mit Kakao bestreuen und servieren.

MANDEL-PANNACOTTA

10

Für 2 Personen
Vorbereitung: 10 Minuten
Kühlzeit: 3 Stunden

Für die Mandel-Pannacotta

200 g weißes Mandelmus
600 ml Mandelmilch
4 EL Kokosblütenzucker
½ TL Agar-Agar
1 Prise Salz
1 TL gemahlene Vanille
½ TL geriebene Tonkabohnen

Für das Heidelbeerkompott

60 g Heidelbeeren
1 EL Vollrohrzucker
1 TL Zitronensaft
2 EL Wasser
1 TL Tapiokastärke

Weiteres

50 g karamellisierte Mandeln
50 g Heidelbeeren

Zubereitung

1. Mandelmus, Mandelmilch, Kokosblütenzucker, Agar-Agar, Salz, Vanille und Tonkabohnen mit einem Stabmixer zu einer feinen Creme pürieren.
2. Alles in einen kleinen Topf geben und einige Minuten bei mittlerer Hitze aufkochen lassen.
3. In Gläser füllen, mit Frischhaltefolie luftdicht abdecken und auskühlen lassen.
4. Anschließend mindestens 3 Stunden im Kühlschrank fest werden lassen.
5. Heidelbeeren, Vollrohrzucker, Zitronensaft und 1 EL Wasser in einem kleinen Topf vermengen und erhitzen.
6. Die Tapiokastärke mit dem restlichen Wasser verrühren und zu den Heidelbeeren geben.
7. Alles einmal aufkochen, vom Herd nehmen und vollständig auskühlen lassen.
8. Das Heidelbeerkompott zusammen mit karamellisierten Mandeln und frischen Heidelbeeren auf der Mandel-Pannacotta anrichten.

KOKOSMOUSSE MIT ORANGENCREME

15

Für 2 Gläser
Vorbereitung: 15 Minuten
Kühlzeit: 4 Stunden

Für die Kokosmousse

½ Tonkabohne
2 EL Kokosmus
200 g Seidentofu
1 EL Kokosblütenzucker
1 Orange, Saft und abgeriebene Schale

Für die Orangencreme

250 ml Orangensaft (2–3 Orangen)
20 g Maisstärke
30 g Agavensirup
½ TL gemahlene Vanille

Zubereitung

1. Die Tonkabohne mit einer feinen Reibe reiben und das Kokosmus über dem Wasserbad schmelzen lassen.
2. Den Seidentofu mit einem Handrührgerät aufschlagen. Geriebene Tonkabohne, Kokosmus, Kokosblütenzucker, Orangensaft und -schale dazugeben und gut verrühren.
3. Die Kokosmousse in kleine Gläser füllen und 3–4 Stunden kühl stellen.
4. Inzwischen 200 ml Orangensaft in einen Topf geben und bei niedriger Hitze aufkochen lassen.
5. Maisstärke, Agavensirup und Vanille im restlichen Orangensaft anrühren und zum Orangensaft geben.
6. So lange köcheln lassen, bis der Saft etwas eindickt. Etwas abkühlen lassen und über die kalte Kokosmousse gießen.
7. Vollständig auskühlen lassen.

TIPP

Das Kichererbsenwasser (Aquafaba) für deinen veganen Eischnee kannst du auch selber herstellen. Dafür weichst du getrocknete Kichererbsen über Nacht in Wasser ein. Am nächsten Tag gießt du das Einweichwasser ab und kochst die Kichererbsen mit frischem Wasser auf. Die Kichererbsen abgießen, das Kochwasser dabei auffangen und die Hülsenfrüchte anderweitig verwenden. Das Kichererbsenwasser ein- bis zweimal einkochen – damit es dickflüssiger und konzentrierter ist – und aufschlagen. Du kannst die Kokoscreme auch durch veganen Joghurt ersetzen.

SCHOKOLADENMOUSSE

20

Für 3 Personen
Vorbereitung: 20 Minuten
Kühlzeit: 4 Stunden

Zutaten

140 g Bitterschokolade
240 ml Aquafaba (Kichererbsenwasser)
1 Spritzer Zitronensaft
½ TL Vanilleextrakt

Weiteres

3 EL geschlagene Kokossahne
2 EL Kakaonibs

Zubereitung

1. Die Schokolade klein hacken, über dem Wasserbad schmelzen und etwas abkühlen lassen.
2. Aquafaba (Kichererbsenwasser) in einen Mixbecher geben. Zitronensaft und Vanille zufügen und alles mit einem Handrührgerät zu einem steifen, fluffigen Schnee aufschlagen (kann bis zu 10 Minuten dauern).
3. Die abgekühlte Schokolade vorsichtig unter den veganen Eischnee heben, bis sich beides verbunden hat.
4. Die Mousse auf Gläser verteilen und im Kühlschrank fest werden lassen.
5. Mit geschlagener Kokossahne und Kakaonibs garniert servieren.

KEKSE

HASELNUSSMAKRONEN 191
KOKOSMAKRONEN 193
BANANENKEKSE 195
SCHOKOKEKSE 197
MANDELKEKSE 199
CHIA-ZITRONEN-KEKSE 201
PEKANNUSSKEKSE 203
MANDELHÖRNCHEN 205
LEBKUCHEN 207
TAHINI-KEKSE 209
FLORENTINER 211
ELISENLEBKUCHEN 213
VANILLEKIPFERL 215
SAFTIGE NUSSECKEN 217

TIPP

Du kannst das Reismehl auch durch Hafer- oder Buchweizenmehl ersetzen. Allerdings werden die Kekse dann etwas brüchiger.

HASELNUSSMAKRONEN

10

Für 15 Stück
Vorbereitung: 10 Minuten
Backzeit: 15 Minuten

Zutaten

100 g Haselnüsse
80 g Reismehl
20 g Kakaopulver
70 g Puder-Erythrit
½ TL Backpulver
50 ml flüssiges Kokosöl
1 TL gemahlene Vanille
3 TL Orangensaft
½ TL abgeriebene Orangenschale

Weiteres

15 Haselnüsse

Zubereitung

1. Den Backofen auf 160 Grad vorheizen und ein Backblech mit Backpapier auslegen.
2. Haselnüsse, Reismehl, Kakao, Puder-Erythrit und Backpulver in einer Schüssel vermischen.
3. Kokosöl, Vanille, Orangensaft und -schale dazugeben.
4. Alles mit den trockenen Zutaten zu einer homogenen Masse verrühren.
5. Mit den Händen oder einem kleinen Eisportionierer keine Kugeln formen und mit etwas Abstand auf das Backblech setzen.
6. In jede Kugel eine Haselnuss drücken und etwa 15 Minuten backen.
7. Die Haselnussmakronen auf einem Kuchengitter auskühlen lassen.

KOKOSMAKRONEN

Für 15 Stück
Vorbereitung: 10 Minuten
Backzeit: 10–15 Minuten

Zutaten

40 g Haselnüsse
100 g Kokosraspeln
10 ml flüssiges Kokosöl
40 g Agavensirup
1 Prise Salz

Weiteres

80 g geschmolzene Zartbitterschokolade

Zubereitung

1. Den Backofen auf 180 Grad vorheizen und ein Backblech mit Backpapier auslegen.
2. Die Haselnüsse in einer Pfanne ohne Fett bei mittlerer Hitze rösten und in der Küchenmaschine fein mahlen.
3. Zusammen mit Kokosflocken, Kokosöl, Agavensirup und Salz in eine Schüssel geben und vermengen.
4. Mit den Händen kleine Häufchen formen und auf das Backblech setzen.
5. Die Kokosmakronen etwa 10–15 Minuten backen, bis sie goldbraun sind.
6. Auf einem Kuchengitter auskühlen lassen und mit der Unterseite in die geschmolzene Schokolade tauchen.

BANANENKEKSE

Für 20 Stück
Vorbereitung: 20 Minuten
Backzeit: 20 Minuten

Zutaten

2 EL Leinsamen
6 EL Wasser
60 g Walnüsse
50 g Medjool-Datteln (ohne Stein)
2 kleine Bananen
50 g Haferflocken
50 g Mandelmehl
50 g Vollkornreismehl
½ TL Zimt
50 ml flüssiges Kokosöl

Weiteres

80 g Mandel-Dattel-Creme (siehe Seite 53)

Zubereitung

1. Den Backofen auf 180 Grad vorheizen und ein Backblech mit Backpapier auslegen.
2. Leinsamen und Wasser verrühren und einige Minuten quellen lassen.
3. Die Walnüsse und Datteln klein hacken und die Bananen mit einer Gabel zerdrücken.
4. Die Leinsamen-Mischung mit Walnüssen, Datteln, Bananen, Haferflocken, Mandelmehl, Vollkornreismehl, Zimt und Kokosöl vermengen.
5. Mit den Händen oder einem Löffel kleine Kugeln formen, auf das Backblech legen und mit einer Gabel etwas flach drücken.
6. Im Backofen etwa 15 Minuten backen, bis die Kekse goldbraun sind. Auf einem Kuchengitter auskühlen lassen.
7. Immer zwei Kekse mit etwas Mandel-Dattel-Creme zusammensetzen.

SCHOKOKEKSE

15

Für 15 Stück
Vorbereitung: 15 Minuten
Backzeit: 10 Minuten

Zutaten

100 g Hafermehl
50 g gemahlene Mandeln
50 g Kakaopulver
½ TL Backpulver
1 Prise Salz
70 g Kokosöl
50 g Mandelmus
60 g Ahornsirup
1 TL gemahlene Vanille

Weiteres

80 g Mandel-Kokos-Creme (aus dem Bioladen)
80 g geschmolzene Zartbitterschokolade

Zubereitung

1. Den Backofen auf 180 Grad vorheizen und ein Backblech mit Backpapier auslegen.
2. Hafermehl, Mandeln, Kakao, Backpulver und Salz in einer Schüssel vermischen.
3. Das Kokosöl über dem Wasserbad schmelzen, Mandelmus, Ahornsirup und Vanille dazugeben und unterrühren.
4. Die Kokosöl-Mischung zu den trockenen Zutaten geben und alles zu einem homogenen Teig verkneten.
5. Den Teig zwischen zwei Bögen Backpapier ausrollen und beliebig ausstechen.
6. Auf das Backblech legen und etwa 10 Minuten backen. Auf einem Kuchengitter vollständig auskühlen lassen.
7. Je zwei Kekse mit der Creme zusammensetzen und mit geschmolzener Schokolade verzieren.

MANDELKEKSE

10

Für 12 Stück
Vorbereitung: 10 Minuten
Backzeit: 10 Minuten

Zutaten

180 g Haferflocken
50 g gehackte Mandeln
2 TL Backpulver
300 g Medjool-Datteln (ohne Stein)
2 EL Mandelmus
3 EL Mandelmilch

Weiteres

50 g Zartbitterschokolade

TIPP

Wenn du das Backpulver weglässt, kannst du die Kekse auch roh genießen. Allerdings solltest du sie dann im Kühlschrank aufbewahren.

Zubereitung

1. Den Backofen auf 160 Grad vorheizen und ein Backblech mit Backpapier auslegen.
2. Haferflocken, Mandeln, Backpulver, Datteln, Mandelmus und Mandelmilch in der Küchenmaschine pürieren, bis eine homogene Masse entstanden ist.
3. Mit den Händen aus der Masse kleine Kugeln formen, auf das Blech legen und etwas flach drücken.
4. Die Kekse etwa 10 Minuten backen, bis sie goldbraun sind. Auf einem Kuchengitter auskühlen lassen.
5. Inzwischen die Schokolade klein hacken, über dem Wasserbad schmelzen und etwas abkühlen lassen.
6. Die Kekse mit der geschmolzenen Schokolade verzieren.

CHIA-ZITRONEN-KEKSE

10

Für 8 Stück
Vorbereitung: 10 Minuten
Backzeit: 10 Minuten

Zutaten

40 g Hafermehl
20 g Mandelmehl
40 g Kokosraspeln
1 EL flüssiges Kokosöl
2 EL Agavensirup
2 EL Chiasamen
1 EL Zitronensaft
3 Tropfen Zitronenaroma
1 EL Kokosmilch
1 TL gemahlene Vanille

TIPP

Du kannst die Kekse auch mit Kokospralinenmasse (siehe Seite 123) oder einer fruchtigen Marmelade füllen.

Zubereitung

1. Den Backofen auf 170 Grad vorheizen und ein Backblech mit Backpapier auslegen.
2. Hafer- und Mandelmehl, Kokosflocken, Kokosöl, Agavensirup, Chiasamen, Zitronensaft, -aroma, Kokosmilch und Vanille in einer Schüssel vermengen.
3. Mit den Händen aus der Masse kleine Kugeln formen und auf das Backblech legen. Mit den Händen oder einer Gabel flach drücken.
4. Die Kekse etwa 10 Minuten backen, bis sie goldbraun sind.
5. Auf einem Kuchengitter vollständig auskühlen lassen.

PEKANNUSSKEKSE

10

Für 10 Stück
Vorbereitung: 10 Minuten
Backzeit: 10 Minuten

Zutaten

50 g Pekannüsse
110 g Hafermehl
100 g Mandelmehl
1 TL Backpulver
½ TL Salz
60 g Kokosblütenzucker
2 EL Hafermilch
4 EL flüssiges Kokosöl

Weiteres

10 Pekannüsse

Zubereitung

1. Den Backofen auf 180 Grad vorheizen und ein Backblech mit Backpapier auslegen.
2. Die Pekannüsse klein hacken und mit Hafer- und Mandelmehl, Backpulver sowie Salz in einer Schüssel vermischen.
3. Kokosblütenzucker, Hafermilch und Kokosöl in einer anderen Schüssel verrühren und zur Pekannuss-Mehl-Mischung geben.
4. Alles zu einem homogenen Teig verkneten.
5. Aus dem Teig kleine Kugeln formen, auf das Blech setzen und etwas flach drücken.
6. Auf jeden Keks eine Pekannuss legen und andrücken.
7. Im Backofen etwa 10 Minuten backen, bis die Kekse goldbraun sind.
8. Auf einem Kuchengitter vollständig auskühlen lassen.

MANDELHÖRNCHEN

15

Für 20 Stück
Vorbereitung: 15 Minuten
Backzeit: 10 Minuten

Zutaten

200 g Marzipanrohmasse
70 g Puder-Xylit
120 g gemahlene Mandeln
40 ml Mandelmilch
½ TL gemahlene Vanille
½ TL Zimt

Weiteres

4 EL Mandelblättchen
100 g geschmolzene Zartbitterschokolade

TIPP

Damit der Teig nicht an den Fingern kleben bleibt, solltest du die Hörnchen mit nassen, nicht zu warmen Händen formen.

Zubereitung

1. Den Backofen auf 160 Grad vorheizen und ein Backblech mit Backpapier auslegen.
2. Die Marzipanrohmasse in kleine Stücke teilen und in eine Schüssel geben.
3. Puder-Xylit, Mandeln, Mandelmilch, Vanille und Zimt dazugeben und alles gut verkneten.
4. Mit den Händen aus der Masse kleine Hörnchen formen und auf das Blech legen.
5. Mit Mandelblättchen bestreuen und etwas andrücken.
6. Die Mandelhörnchen etwa 10 Minuten backen, bis sie goldbraun sind, und auf einem Kuchengitter vollständig auskühlen lassen.
7. Die Mandelhörnchen mit den Enden in die geschmolzene Schokolade tauchen und trocknen lassen.

LEBKUCHEN

15

Für 12 Stück
Vorbereitung: 15 Minuten
Backzeit: 10 Minuten

Zutaten

40 g Tapiokastärke
60 g Vollkornreismehl
100 g Hafermehl
50 g Leinmehl
50 g Kokosblütenzucker
1 TL Backpulver
1 TL Lebkuchengewürz
75 g weiche vegane Butter
2 EL Agavensirup

Weiteres

100 g Puder-Xylit
1–2 EL Wasser

Zubereitung

1. Stärke, Vollkornreismehl, Hafermehl, Leinmehl, Kokosblütenzucker, Backpulver und Lebkuchengewürz in einer Schüssel vermischen.
2. Agavensirup und Butterflocken dazugeben und alles zügig zu einem homogenen Teig verkneten.
3. Den Teig zu einer Kugel formen. In eine saubere Schüssel legen, abdecken und 30 Minuten kühl stellen.
4. Inzwischen den Backofen auf 160 Grad vorheizen und ein Backblech mit Backpapier auslegen.
5. Den Teig noch einmal gründlich durchkneten und auf einer mit Hafermehl bestreuten Arbeitsfläche ausrollen.
6. Mit einer beliebigen Form Lebkuchen ausstechen.
7. Die Lebkuchen auf das Blech legen und 10–15 Minuten backen, bis sie goldbraun sind. Vollständig auskühlen lassen.
8. Puder-Xylit mit Wasser verrühren (die Glasur sollte nicht zu flüssig, aber streichfähig sein) und die Lebkuchen damit verzieren.

TAHINI-KEKSE

Für 10 Stück
Vorbereitung: 10 Minuten
Backzeit: 10 Minuten

Zutaten

100 g gemahlene Haferflocken
4 EL Tahini (Sesammus)
4 EL Kokosblütensirup
1 Prise Salz
½ TL Backpulver

Weiteres

80 g geschmolzene Zartbitterschokolade

Zubereitung

1. Den Backofen auf 170 Grad vorheizen und ein Backblech mit Backpapier auslegen.
2. Haferflocken, Tahini, Kokosblütensirup, Salz und Backpulver in eine Schüssel geben und zu einem homogenen Teig verkneten.
3. Den Teig zwischen zwei Bögen Backpapier ausrollen und mit einer runden Form Kekse ausstechen.
4. Auf das Backblech legen und mit Sesamsamen bestreuen.
5. Die Kekse etwa 10 Minuten backen, bis sie goldbraun sind.
6. Vollständig auskühlen lassen und mit geschmolzener Schokolade verzieren.

FLORENTINER

10

Für 15 Stück
Vorbereitung: 10 Minuten
Backzeit: 20 Minuten

Zutaten

4 EL Kokosblütenzucker
2 EL flüssiges Kokosöl
2 EL Sojasahne
½ TL Orangenaroma
½ TL Zimt
½ TL gemahlene Vanille
100 g gemahlene Mandeln
50 g gemahlene Haselnüsse
70 g Mandelblättchen

Weiteres

100 g Zartbitterschokolade

Zubereitung

1. Den Backofen auf 160 Grad vorheizen und ein Backblech mit Backpapier auslegen.
2. Kokosblütenzucker, Kokosöl, Sojasahne, Orangenaroma, Zimt und Vanille in einen kleinen Topf geben, erwärmen und kurz köcheln (2–3 Minuten) lassen, bis sich die Zutaten gut miteinander vermengt haben.
3. Mandeln, Haselnüsse und Mandelblättchen dazugeben und gut verrühren.
4. Die Masse mit einem Teelöffel als Häufchen auf das Backpapier setzen.
5. Im Backofen 15–20 Minuten backen und vollständig auskühlen lassen.
6. Inzwischen die Schokolade klein hacken, über dem Wasserbad schmelzen und etwas abkühlen lassen.
7. Die Florentiner mit der Unterseite in die Schokolade tauchen.

TIPP

Falls die Masse zu trocken und nicht formbar ist, kannst du etwas pflanzlichen Milchersatz zufügen.

ELISENLEBKUCHEN

10

Für 10 Stück
Vorbereitung: 10 Minuten
Backzeit: 10 Minuten

Zutaten

200 g Medjool-Datteln
75 g gemahlene Mandeln
75 g gemahlene Haselnüsse
1 EL Kakaopulver
2–3 TL Lebkuchengewürz
3 EL Mandelmus

Weiteres

100 g geschmolzene Zartbitterschokolade
30 g Mandelblättchen

Zubereitung

1. Die Datteln entsteinen und in warmem Wasser einweichen, bis sie weicher geworden sind.
2. In einer großen Schüssel Mandeln, Haselnüsse, Kakao und Lebkuchengewürz vermischen.
3. Die eingeweichten Datteln abtropfen lassen und zusammen mit Mandelmus in der Küchenmaschine zu einer glatten Masse pürieren.
4. Die Dattel-Mandelmus-Mischung zu den trockenen Zutaten geben und alles gut zu einer formbaren Masse vermengen.
5. Aus der Masse kleine Kugeln formen und mit einer Gabel flach drücken.
6. Inzwischen die Zartbitterschokolade klein hacken und über dem Wasserbad schmelzen.
7. Die Elisenlebkuchen in die geschmolzene Schokolade tauchen, auf ein mit Backpapier ausgelegtes Tablett legen und mit Mandelblättchen bestreuen. So lange kühl stellen, bis die Schokolade fest geworden ist.

VANILLEKIPFERL

20

Für 20 Stück
Vorbereitung: 20 Minuten
Backzeit: 15 Minuten

Zutaten

140 Hafermehl
1 EL Maisstärke
70 gemahlene Mandeln
50 g Puder-Xylit
1 TL gemahlene Vanille
100 g weiche vegane Butter

Weiteres

50 g Puder-Xylit

Zubereitung

1. Hafermehl, Mandelmehl, Puder-Xylit und Salz in einer Schüssel vermischen.
2. Vegane Butter und Vanille dazugeben und alles zu einem Teig verkneten.
3. Den Teig in Frischhaltefolie einwickeln und etwa 30 Minuten ruhen lassen.
4. Inzwischen den Backofen auf 180 Grad vorheizen und ein Backblech mit Backpapier auslegen.
5. Vom Teig kleine Mengen abnehmen und zu Kipferl formen.
6. Auf das Backblech legen und etwa 10–15 Minuten goldbraun backen.
7. Die warmen Vanillekipferl vorsichtig in Puder-Xylit wälzen.

SAFTIGE NUSSECKEN

20

Für 12 Stück
Vorbereitung: 20 Minuten
Backzeit: 20 Minuten

Für den Boden

1 EL Leinsamen
3 EL Wasser
120 g Hafermehl
40 g Reismehl
1 EL Tapiokastärke
30 ml Mandelmilch
2 EL Apfelmus
40 g Vollrohrzucker
2 EL flüssiges Kokosöl

Für den Belag

2 EL Marillenmarmelade
80 g vegane Butter
60 g Vollrohrzucker
100 gehackte Haselnüsse
100 g gehackte Mandeln

Weiteres

120 g geschmolzene Zartbitterschokolade

Zubereitung

1. Den Backofen auf 180 Grad vorheizen und eine Backform mit Backpapier auslegen oder mit Kokosöl einfetten.
2. Leinsamen und Wasser verrühren und einige Minuten quellen lassen.
3. Hafermehl, Reismehl und Stärke in einer Schüssel vermischen.
4. In einer zweiten Schüssel Mandelmilch, Apfelmus, Vollrohrzucker, Kokosöl und den gequollenen Leinsamen vermengen und zu den trockenen Zutaten geben.
5. Alles gut zu einem Teig verrühren.
6. Den Teig auf einer mit Hafermehl bemehlten Arbeitsfläche ausrollen und in die Backform legen.
7. Die Marillenmarmelade in einem kleinen Topf so lange erwärmen, bis sie flüssig ist, und den Teig damit gleichmäßig bestreichen.
8. Die vegane Butter in einem Topf schmelzen lassen. Vollrohrzucker, Haselnüsse und Mandeln dazugeben und verrühren.
9. Die Masse gleichmäßig auf dem Teig verteilen und im Backofen etwa 20 Minuten backen (der Rand sollte goldbraun sein).
10. Die Form aus dem Backofen nehmen und auskühlen lassen. Den Kuchen in gleich große Dreiecke oder Quadrate schneiden und mit den Ecken in die geschmolzene Schokolade tauchen.

LIEBLINGSKREATIONEN

NOTIZEN

DANKE

Von ganzem Herzen bedanke ich mich bei all den wundervollen Menschen, die mich ermutigen, meinen Weg zu gehen. Danke an alle, die an mich und meine Träume glauben und mich unterstützen. Danke an die vielen Herzensfrauen, von denen ich lernen darf und die an meiner Seite stehen! Ein großer Dank an meine lieben Testesserinnen und Testesser für ihr ehrliches Feedback. Ihr macht meine Arbeit wertvoll und zaubert mir ein Lächeln ins Gesicht!

Ein besonderer Dank geht an unseren Kooperationspartner Reformhaus Walter Egger sowie an den Buchverlag Athesia-Tappeiner und das gesamte Team für die Unterstützung und die Möglichkeit, dieses Buch nach außen zu tragen. Vielen Dank auch an dich, dass du dieses Buch in deinen Händen hältst. Möge es dich auf deinem Weg zu einem gesunden Leben begleiten und dir wertvolle Genussmomente schenken.

In Liebe, Anna

LIFE IS SHORT

EAT

DESSERT

FIRST!

Bibliografische Information
der Deutschen Nationalbibliothek
Die Deutsche Nationalbibliothek verzeichnet diese Publikation in der Deutschen Nationalbibliografie; detaillierte bibliografische Daten sind im Internet abrufbar: http://dnb.d-nb.de

Bildnachweis
Florian Augustus Alexander Fick: 4/5, 220/221
stock.adobe.com: 20 (Luis Echeverri Urrea), 31 (Meliha Gojak), 48 (Vladislav Noseek), 50 (Norbert)
Alle übrigen Aufnahmen stammen von Alexandra Anna Covelli, Innsbruck

1. Auflage 2024

Lektorat: Kathrin Kötz, Auer
Design & Layout: Athesia-Tappeiner Verlag
Bildbearbeitung: Typoplus, Frangart
Druck: Printer Trento
Papier: Innenteil Ultramatt, Vorsatz Magno Natural

Gesamtkatalog unter
www.athesia-tappeiner.com

Fragen und Hinweise bitte an
buchverlag@athesia.it

ISBN 978-88-6839-769-2
ISBN 978-88-6839-770-8 (e-Book)

Bildbeschreibung Umschlag
Vorderseite: Energieriegel
Rückseite: Karottenmuffin
sowie Himbeer-Kokos-Riegel

FSC www.fsc.org MIX Papier | Fördert gute Waldnutzung FSC® C015829

Dieses Buch wurde der Umwelt zuliebe nicht mit einer Schutzfolie eingeschweißt.